꼿다발

—朝鮮女流漢詩撰譯

金岸曙 譯

朝鮮女流
漢詩選集

꽃다발

博文書館 藏版

金岸曙 譯

朝鮮女流漢詩選集

꽃다발

博文書館 藏版

卷頭辭

하이한 구름이 저 넓은 하늘을 뭉게뭉게 돌다가 아모 자최도 없이 슬어지는 여름철에는 무엇보다도 漢詩冊 같은것을 求해놓고 마음대로 이張저張 들추면서 慢讀하는것이 나의 다시없는 樂이외다。 偶然한 機會라할지、 어쩌어찌하야 朝鮮女流詩人들의 遺珠를 對케 되었는데、 이것이 結局은 이 譯詩集인「꽃다발」을 만들 動機가 되었으니 생각사록 뜻하지 아니한 곳에 樂으로서의 結果는 자못 컸다 하지 아니할 수가 없읍니다。

읽어가다가 자미가 있고 마음에 드는 詩면 하나도 빠치지 아니하고 零冊에다가 적어두고는 하였읍니다。 나딴은 한때의 樂일망정 낫지아니하고서 두고두고 記憶을 새롭힐 經綸에서외다。 하나 둘 적어 놓은것이 어느덧 한 五十篇가량 되었을때、 이 人生의 慾心이란 限定이 없달까、 이왕이면 修辭공부兼消遣꺼리로 번역이나 하는 생각으로 틈틈이 試譯을 해보왔읍니다。 뒤끝몽

아 泰山으로 이것도 어느덧 그 數가 적지않게 되였읍니다。

이雜誌 저新聞에서 간혹 詩랍시고 글같은것을 請할때에、 비록 닯지는 못할망정、 뻔뻔스러이 在庫品이라 할 이 譯詩들을 提供하였으니 혼자로의 즐기자던 樂은 어듸로 가고 結局은 賣文의 本性을 고대로 나타낸 셈이외다

또 그리고 이래저래 그것들이 한 二百篇 가까이 뭉였을때、 나는 또다시 이왕이면 出版까지 하는 생각을 하게 되었으니、 이 所謂 꿩먹고 알먹자는 수작도 되거니와 그보다도 나는 다른 意味로 내 自身의 미욱스러운 골똑에 놀랬다기 보다도 혼자로서의 樂이 이러케될줄은 생각도 못했습니다 만일 변변치는 못하나마 다른 일에다 이만한 努力과 精誠을 다하였드란들、 이런 어렵고도 效果가 적은 譯詩集보다는 훨신 더 意味있는 무엇이 있었을상하기 때문이외다。

이原因에 이結果라는 말도 있거니와、 일이 이렇게 되고보니 이 「꽃다발」은 結局 비빔밥밖에 더될것이 없읍니다。 어듸까지든지 慢讀으로의 副産品에

지내지 아니하는것만치、年代順을 밟은 眞正한 詞華集은 아니외다。이러하야 이 譯詩集에는 年代順이니 人物本位니 하는것들을 全部 無視해 버리고 譯詩의 篇數를 따아 차례를 定코 말였읍니다。그리하야 맨 우로 가야할것이 맨끝으로도 가고 中間쯤 있어야 할것이 맨처음으로 가든가 맨끝으로도 가서 그야말로 뒤죽박죽이외다。이 譯者가 지지 안을수 없는 責任이외다。그런데 변명이 아니라 事實이 正規로의 詞華集이 아닌以上 무슨必要로 귀찮고 알수도 없는 年代들을 따지느니 人物로의 作者의 來歷같은것을 들추느니 하면서 야단법석 할것입닛가。그것은 文學史家로의 篤學者님들이 하실일이요、나와같은 慢讀者로의 一個 過客의 알바가 아니외다。詩를 좀더 자세이 理解함에는 그 時代라든가 作者의 人物이라든가 하는것을 먼저 알아두는것이 便宜치 안은것은 아니외다。그러나 그것은 研究者로의 取할 態度요 詩만을 보고서 즐기자는 過客에게는 그다지 必要한 일이 아니외다。譯者는 귀찮은 이 모든것들을 일부러 避했노라고 하면 흉 하고 비웃을이도 게시려니와 正直한 告白이 事實 그랬노라고 다시금 한마듸 변명을 하여둡니다。

×

孔夫子께서는 詩를「思無邪」라고 評을 하셨거니와、이 女流詩人들의 詩를 보면 士大夫집 아낙네들의 노래에는 어째 그런지 일부러 感情을 눌러버리고 점잔은체 꾸민 感이 있읍니다。그리고 小室과 詩妓의 것에는 조금도 感情을 거즛한 흔적이 없으니、만일「思無邪」가 옳은 말슴이라면 이點에서 아낙네들의 노래는 落第외다。그리고 小室이니 詩妓니 하는이들의 것이 되려 及第니 대단이 자미있는 對照라 하지 안을수 없읍니다。

하기는 그중에도 蘭雪軒같은 例外의 분도 없지는 아니하외다。그러나 全體로의 그들을 본다하면 누구나 나와 같은 생각을 가질것이외다

저 소위 士大夫집 아낙네들의 詩란 거의 古典에서 이런句節 저런事典 같은것을 가저다가 노래라고 얽어놓지 아니하면 對句같은것이나 얌전이하야 塞責을한 觀이 있어、정말로 자기의 性情을 그대로 如實하게 쏟아놓은것은 적

은상하외다。 게다가 무슨 原因인지는 알수없으나 그들의 詩는 極이 적으니 이것은 아마 남의 웃음이나 사지 아니할까 하는 생각에선가 보외다。 女流詩人들의 詩歌에 對하야 좀더 자세이 이야기하는것이 나의 責任일상 하외다、마는 아직은 그럴必要가 없는듯싶어서 實物만을 내여놓으며 實物이 이러하니 마음대로 구경하소서 하는 態度로 滿足코저 합니다。 興으로 읽다가 자미있는것이면 모도다 적었기때문에 絕句以外의 律이나 長詩도 적지 아니하나 絕句만을 뽑아서 出世시킨 뒤에는 그것들도 한卷 뽑아볼까 하였읍니다、마는 지금 形便으로는 대단이 어려울상싶습니다。

×

譯詩에 對한 나의 態度는 여러번 이야기 하였기때문에 두번다시 말하고저 하지 아니하였으나 偶然이 小星 玄相允兄과 만나서 이야기끝에 이 譯詩를 보인적이 있였읍니다。

「이건 자네것이지、어듸 原詩의 번역인가?」하면서 小星은 滿足지 않다

는 意思를 表示하였읍니다。 그러나 나로보면 어찌할수 없는 일이외다。 原詩의 뜻이나 따다가 다시 만들어놓지 안을수가 없다는것이 나의 飜譯方法이외다。하지못할것을 한다는것은 오직 創作으로밖에 달니 길이 없지아니합닛가。

이 譯詩集에는 더구나 같은詩 하나를 두가지 形式으로까지 만들어 놓았으매 한가한 사람의 부질없는즛이라고 할지는 모를망정、나따는 첫번譯에서는 될수 있는대로 原詩를 그대로 옮기려고 하였고 둘째인 時調에서는 가장 自由로운 態度를 取하자는 意思에서외다。 그러나 그것이 얼마만치 나의 뜻한바에 지어바람이 없는지、譯者인 내自身으로서는 무엇이라고 明言하기 어렵습니다 그러하야 이에 對하야는 읽으시는 여러분의 評에 마낄 따름이외다。

그러고 가다가다 번역이 잘못된것도 있을것이외다。 이에 對하야는 여러분의 好意로의 敎示를 기다립니다。

昭和十七年九月

桂洞서 譯者

꽃다발目次

꽃다발

꽃다발

金岸曙譯詩集

春興

싱숭생숭 봄철을 노래코 나니
句句마다 相思뿐 하소 끝없네。
門앞에 버드낡은 안심을 것이
아니라도 人間엔 離別잣거니。

春興紗窓幾首詩 篇篇只自道相思
莫將楊柳種門外 生憎人間有別離

三宜堂金氏

春興을 읇고나니 句마다 相思일세
門앞에 버들일랑 애當初 심지마오
이人生 離別이잣아 어이볼가 하노라。

紗窓에 해지고

님가고 紗窓까엔 날이 저믈제
뜰우엔 지는꽃만 쓸쓸이 쌔네。
하로밤 설은相思 알랴시거든
아룽아룽 눈물진 이 옷깃 보라。

人靜紗窓日色昏 落花滿地掩重門
欲知一夜相思苦 試把羅衾檢淚痕

三宜堂金氏

紗窓에 날저믈고 뜰우엔 꽃지는데
하로밤 相思苦야 그뉘가 알을것가
눈물만 치마자락에 아룽진가 하노라。

배 꽃

반갑고야 하이한 배꽃송이들
그님은 안오서고 봄몬저랄가。
첨아끝에 無數한 제비떼들만
夕陽을 오락가락 쌍지어 도네。

梨花多意向人開 郎未來時春又來
惟有簷前無數燕 雙雙飛帶夕陽回

三宜堂金氏

배꽃은 피였건만 그님은 안오시네
제비떼 첨아끝을 無數이 드나들며
쌍지어 노량저녁을 왔다갔다 하더라。

거울을 들고

窓밖엔 풀이자라 욱어젔쇠다
이마음 풀길없어 밤을 샘니다。
아츰인제 이러나 거울對하니
뜬시름에 눈섭도 말아니외다。

雲母窓前草色萋 相思一夜夢魂迷
朝來坐對青銅鏡 愁裏蛾眉攏不齊

三宜堂金氏

님離別 속이설어 왼밤을 새왔고야
아츰에 이러나서 거울을 들어보니
눈섭도 시름에지처 들숙날숙 하외다。

꽃다발

제비

버들그늘 깊길래 門닫고 나니
봄간다고 동산엔 꽃이 넘놀고,
네랴내라 쌍지어 제비가 날제
외론身勢 설은맘 눈물지나니。

楊柳陰中晝掩門 東園春晚百花繁
雙雙燕子低飛處 獨有愁人暗斷魂

三宜堂金氏

버들숲 하도깊어 門닫고 있노라니
쌍지어 제비날고 동산엔 꽃이 질제
외론맘 님이그리워 어이할줄 몰나라。

지는복사꽃

자부련이 실비가 냘오는 늦봄
바람해 송이송이 복사꽃 떨녀
이저리 나돌다가 설니 지는양
서울이라 아가씨 탄식을하네。

細雨濛濛春欲晚 風吹減却桃花片
飛去飛來落誰家 洛陽兒女長相怨

三宜堂金氏

저므는 늦봄날에 실비는 내려오고
복사꽃 하늘돌다 이저리 지는고야
아가씬 얼골야윈다 탄식탄식 하더라。

뉘탓에

쌍지어 봄아츰을 지뢰는 제비
붉은窓엔 쓸쓸타 꽃그림자들。
무료이 거울들어 마조對하니
이얼골 야윗고야 뉘탓이런고。

一雙玄鳥語春朝 花照紅窓影寂寥
慵起屛間看石鏡 玉顏今日爲誰凋

三宜堂金氏

제비는 봄아츰을 쌍지어 노래하고
紅窓엔 꽃그림자 쓸쓸이 어렷고야
뉘탓에 거울의얼골 야외야외 가는고。

깊은밤에

깊은밤은 혼자로 五更 가깝고
가을달만 뜰우에 가득 찾고야。
이相思 잠을빌어 꿈끼랴건만
님의곳 가다가다 잠만 깨나니。

夜色迢迢近五更 滿庭秋月正分明
凭衾强做相思夢 纔到郎邊却自驚

三宜堂金氏

夜五更 가을달은 뜰우에 가득한데
꿈길로 이相思을 한번곳 풀자건만
님의곳 간신이가자 잠만 깨고 마나니。

달

屛風은 孔雀새의 이불은 翡翠。
왼窓까엔 쓸쓸타 깊어가는 밤。
저하늘 밝은달은 우리들의 맘
떠나서 그리는情 모다 비최리。

孔雀屛風翡翠衾 一窓夜色正沉沉
相思惟有靑天月 應照人間兩地心

三宜堂金氏

쓸쓸한 찬자리에 밤빛이 깊어올제
저하늘 밝은달은 우리의 마음인양
떠나서 그리는情을 비최비최 주더라。

笛聲

아넌밤 둥근달은 城을 비췬제
城우에선 그뉘가 저를 부는고。
깊은房 외燈만도 서러운것을
그리는맘 잠들길 바이 없고야。

五更明月滿西城 城上何人弄笛行
可憐孤燭深閨夜 正是愁人夢不成

三宜堂金氏

아넌밤 달밝은제 그뉘가 저를 불가
深閨엔 孤燈만도 쓸쓸키 짝없어를
아숩고 그리운마음 잠들길야 있으리。

農村여름風景

부슬비 좋은것을 바람 가벼워
草堂이라 긴여름 한가로울제、
어듸로서 노래가 저닷일는가
새들이 綠陰속서 지죄는것을。

雨乍霏霏風乍輕 草堂長夏不勝淸
一聲歌曲來何處 芳樹陰中好鳥鳴

三宜堂金氏

부슬비 좋은것을 바람은 가벼워라
草堂도 긴여름이 한없이 한가롤제
새들은 興을 돕노라 지죄지죄 울더라。

花月夜

하늘에 찬 밝은달 꽃밭에 차고
꽃빛달빛 그림자 어려 존것을
달이련듯 꽃인양 님과 즐기니
世上榮辱 이곳에 뭉엿다 하리。

滿天明月滿園花 花影相添月影加
如月如花人對坐 世間榮辱屬誰家

三宜堂金氏

가득한 하늘달이 꽃밭에 가득한제
꽃과달 서로어려 그림자 고흔것을
이中에 님과즐기니 무슨恨이 있으랴。

님(家長)에게

女子길래 傷心이 하도 잣아서
그리울젠 노래로 맘 풀거니와、
산애丈夫 큰뜻은 밖에 있나니
무어라 집생각에 汲汲입니가。

女兒柔質易傷心 所以相思每發吟
大丈夫當身在外 回頭莫念洞房深

三宜堂金氏

노래로 그리는맘 女子는 하소하나
大丈夫 먹은큰뜻 그길이 다른것을
무어라 집이그리워 쓰다설다 하리오。

牧笛 (一)

洞里마다 牧笛이 하늘에 차고
골작마다 樵歌가 가득 울어나
한때의 저녁興이 하도 좋길래
뜰우를 오락가락 거닐이노라。

牧笛村村去 樵歌谷谷來
夕陽無限興 窓外暫徘徊

三宜堂金氏

人家엔 피리소리 골에는 樵歌소리
저녁의 가준興을 내어이 외달것가
뜰우를 홀로헤매며 오락가락 하노라。

牧笛 (二)

저녁의 실바람을 고요이 다고
어듸로서 젓소리 빗겨오는고。
봄철이라 풀자라 알길은 없고
앞내까를 牧童이 거니는고야。

東風何處笛 一曲夕陽中
春日多芳草 前溪有牧童

三宜堂金氏

실바람 고이타고 풍기는 피리소리
봄풀이 하도자라 온데를 몰낫고야
앞내까 牧童이돌며 읊음인가 하노라。

牧笛 (三)

西山이라 峯우에 해가 저믈어
나무는 가지마다 희미한것을、
어듸로서 젓소리 들녀오는고
아마도 머슴아이 돌오는고야。

山頭月欲沒 烟樹遠依依
一聲何處笛 知有牧童歸

三宜堂金氏

西山에 해가저서 나두는 희미코야
한曲調 피리소리 은근이 나는양이
아마도 머슴아이가 돌오는가 하노라。

秋夜月 (一)

담머리에 뚜렷이 솟은 밝은달
둥글은 소반인듯 거울이고야。
窓우에다 바을을 내리지마소
幸혀나 달그림자 가리워지리。

明月出墻頭 如盤又如鏡
且莫下重簾 恐遮窓間影

三宜堂金氏

담우에 솟은저달 밝기가 거울인제
窓우에 두던바을 내리지 부대마소
幸혀나 달그림자가 가리울가 하노라。

秋夜月 (二)

혼자로서 두곳을 비최는 저달
千里먼길 아득타 떠난 우리들。
저달이라 밝은빛 그대로 딸아
밤마다 님의곳을 밝혀나지고。

一月兩地照 二人千里隔
願隨此月影 夜夜照君側

三宜堂金氏

저달은 하나건만 두곳을 비최이네
우리는 떠나千里 만날길 바없나니
밤마다. 달빛을딸아 님의곳을 갈거나。

秋夜月 (三)

아닌밤에 뚜렷이 빗나는 저달
은근탈가 내窓을 비최여주네。
집을떠나 우리님 서울게시니
저달아 幸혀 그님 비최일세라。

中宵一片月 影入碧窓流
長安有孤客 休照絜鄕樓

三宜堂金氏

아닌밤 밝은달이 은근이 窓에 드네
집떠나 먼서울에 게옵는 우리님이
저달을 홀로바라며 설어실가 하노라。

秋夜雨 (一)

집을떠나 맺햇고、消息이 없어
하도쓸쓸 외로이 門을 닫으니
긴긴밤을 梧桐닢 서러이 울고
첨아끝엔 낙수가 흐득는것을。

天涯芳信隔 寂寂掩深戶
永夜鳴梧葉 簷端有疎雨

三宜堂金氏

님消息 알길없어 외로이 窓닫으니
긴밤을 梧桐닢은 서러이 노래하고
낙수는 첨아끝에서 哀怨哀怨 하더라。

秋夜雨 (二)

낙수는 찬둥찬둥 첨아끝 지며
기나긴밤 窓에서 설어하나니、
屛風안 찬자리의 외로운몸야
하마 꿈이 꿜것가、燈만 밝을뿐。

簷端疎雨響 永夜隔窓鳴
一枕金屛裏 寒燈夢不成

三宜堂金氏

낙수물 찬둥찬둥 긴밤을 설어할재
屛風안 찬자리엔 외론燈 밝은것을
아모리 꿈꾸랴한들 하마 잠이 있으랴。

西窓

人跡없는 쓸쓸한 븨인 뜰우에
납사귀만 우수수 외로이 지네。
이心懷 풀길없어 西窓을 여니
하늘이라 밝은달 못내 설고나。

寂寂空庭上 蕭蕭闘葉下
詩思何處多 明月西窓夜

三宜堂金氏

고요한 븨인뜰에 우수수 落葉진다
이心懷 어느곳서 맑고이 풀어볼가
西窓에 달빛 밝으니 생각더욱 설어라。

清夜汲水

맑은밤에 맑은물 깃고길을제
달빛은 샘이런듯 어리는고야。
소리없이 난간을 기댓노라면
바람딸아 넘노는 梧桐닢사귀。

清夜汲淸水 明月湧金井
無語立欄干 風動梧桐影

三宜堂金氏

달밤에 맑은물을 고요이 길으올재
달빛은 샘이런가 어리고 또 어리고
잎들만 바람을딸아 하늘하늘 하더라。

첫여름

窓밖에는 진긴날 薰風이 불고
石榴낡엔 석누꽃 모다 붉었네。
門밖으로 잔돌을 던지지 말라
綠陰속엔 피꼴이 잠을 자나니。

日長窓外有薰風 安石榴花個個紅
莫向門前投瓦石 黃鳥只在綠陰中

三宜堂金氏

긴날을 薰風불고 石榴꽃 붉은것을
잔돌을 門밖에다 幸혀나 던질세라
피꼴이 錄陰속에서 잠이깰가 하노라。

城中을지나며

城中이라 三萬戶 집이 즐비코
새봄인제 物色이 더욱 좋와서
집마다 첨아끝엔 제비가 날고
東風엔 가지마다 꽃송이 웃네。

城中三萬戶 春物盛繁華
白日家家燕 東風樹樹花

三宜堂金氏

三萬戶 많은집에 새봄이 어렷고야
집마다 첨아끝엔 제비가 노래하고
가지엔 봄바람딸아 꽃이반겨 날더라。

꽃을꺾고

고요이 門을 나와 뜰을 거니니
무료탈가 봄날이 하도 길길때.
꽃송이를 머리에 꽂고 나서니
지내는 벌과나비 개웃거리네。

從容步窓外 窓外日遲遲
折花揷玉髮 蜂蝶過相窺

三宜堂金氏

봄날이 무료하야 뜰우를 거닐이다
한송이 꽃을꺾어 머리에 꽂고나니
지내는 벌과나비가 개웃개웃 하더라。

봄을보내며

못닛어 그리는맘 잠들길 없건
님없은제 뉠위해 거울을 뜰랴。
동산엔 욹읏븕읏 각가지꽃들
어해봄도 쓸쓸이 그저 기우네。

思君夜不寐 爲誰對明鏡
小園桃李花 又送一年景

三宜堂金氏

님없어 야윈것을 거울은 뭐라 보려
동산에 욹읏븕읏 각가지 꽃 폇다만
외토이 봄을보내니 마음더욱 설어라。

三宜堂金氏

피꼴이

피꼴피꼴 어듸서 소리를 할가
아름답은 그소리 하도 반가와
窓을여니 봄바람 님노는 저곳
꽃송이 욱어진때 피꼴어 뵈네。

好音來何處 綿綿又蠻蠻
東風玉窓外 黃鳥在花間

三宜堂金氏

어듸서 피꼴피꼴 소리가 들리길래
봄바람 한늘이는 紗窓을 열고보니
저거저 꽃닢사이에 피꼴이가 있더라。

春景

꾀꼴이 꾀꼴꾀꼴 우는 그소ᄅᆡ
집집마다 봄날을 길은다 할가。
閨房의 아가씨도 紗窓을 열고
앞山이라 파란풀 못내 반기네。

黃鳥一聲裏 春日萬家閑
佳人捲羅幔 芳草滿前山

三宜堂金氏

꾀꼴이 노래하니 집마다 봄이로다
閨房의 아가씨도 紗窓을 활적 열고
먼앞山 새파란풀을 바라바라 보더라。

꽃이지자

하로밤을 바람이 불며 도드니
송이송이 꽃지자 봄이 가더라。

何處春盡歸 東閣一夜風
羅衣窓外出 閒拾落來紅

三宜堂金氏

바람이 불며불며 동산을 휘도드니
꽃닢이 송이송이 모도다 떨엿고야
아가씬 붉은꽃 주며 봄이갓다 하더라。

가는봄지는꽃에

깊은봄을 좋와타 지죄는새들
이心思 둘곳없어 紗窓을 걷고
거문고로 이相思 하소를 할제
바람엔 꽃 제비들 휘나는고야。

竹院春深鳥語多 瑤琴彈罷相思曲
殘粧含淚捲窓紗 花落東風燕子斜

桂生

봄철이 좋와련가 새들은 노래로다
窓紗를 걷어들고 거문고 타노라면
꽃닢은 바람에 지고 제비떼만 나나니。

가을밤

비뒤에 찬바람이 댓숲을 불제
다락우엔 둥근달 홀로 빗나네
밤새도록 서리이 우는버래들
그哀願에 이간장 모도다 녹네。

雨後凉風玉簟秋 一輪明月掛樓頭
洞房終夜寒蛩響 搗盡中腸萬斛愁

桂生

비뒤의 갈바람은 댓숲을 휘젓는데
뚜렷이 밝은달은 다락우 덮었서라
버레는 밤새여 울며 남의애를 끈나니。

무어라 보슬비는

이離恨 하도설어 門닫고 누니
아룽아룽 소매엔 눈물이 지고。
閨房이 못내 외뤄 쓸쓸한것을
黃昏인제 보슬비 끊임이 없네。

離懷悄悄掩中門 羅袖無香濕淚痕
獨處深閨人寂寂 一庭微雨鎖黃昏

桂生

이離恨 못내설어 門닫고 지내올제
소매엔 눈물이오 空閨는 외론것을
無心한 黃昏細雨는 남의애를 끊나니。

自嘆

病든몸이 혼자서 閨房지키며
가난으로 마흔해 시달엿고야。
人生이라 살면은 열마를 사노
心思설어 하로도 안운적 없네。

空閨養拙病餘身 長任飢寒四十年
借問人生能幾許 胸懷無日不沾巾

桂生

病들어 누은몸에 가난은 웬일인가
百年을 못 사는몸 그아니 가련한가
날마다 갈은시름에 눈물겨워 하노라。

가락지

야속타 하소못할 외론 이相思
하로밤 새고나니 머리가 半白。
그뉘가 알을것가 설은 이相思
가락지 훌겁고야 야윈탓이리。

相思都在不言裏 一夜心懷鬢半絲
欲知是妾相思苦 須試金環減舊圍

桂生

말없이 타는이속 하소키 바이없다
하로밤 새고나니 머리가 半白일세
야외니 금가락지가 훌거워만 지더다。

春愁

봄풀빗이 웨이닷 쓸쓸탄말가
찾아온게 다시금 心思설고야。
예前날 좋와라고 놀든 그곳엔
山에가득 明月뿐 접동새 우네。

長堤春草色凄凄 舊客還來思欲迷
故國繁華同樂處 滿山明月杜鵑啼

桂生

못닛어 찾앗건만 이心思 설은것을
봄풀도 예아니요 곳조차 變했고야
明月은 山가득한제 접동새만 우나니。

배떠우고

격꾸로 물에어린 山그림자들
나릿나릿 酒幕을 덮은 실버들。
잔물살에 잠깨여 나는 해오리
바람에 풍겨오네、잡이배소리。

參差山影倒江波 垂柳千絲掩酒家
輕浪風生眠鷺起 漁舟人語隔烟霞

桂生

물우에 山그림자 격꾸로 어려있고
실버들 가지가진 酒幕을 덮였고야
해오린 물살에놀내 깃만 훨훨 치더라。

첫가을

山마다 엷이 눌해 떠러를지고
지는해에 기럭이 하늘을 날제
어듸서 필리필리 젓소리 난다
뜬풀로 떠도는손 눈물 겹고야。

千山萬樹葉初飛 雁叫南天帶落暉
長笛一聲何處是 楚鄉歸客淚添衣

桂生

山마다 잎이 지고 기럭이 하늘날제
어듸서 애를끓는 젓소리 나노매라
뜬풀로 떠도는손이 갈길몰나 하노라。

扶餘서

그뉘가 이世上엔 變많다는고
이世上일 듣고저 나는 안노니,
잔들어 勸하는술 사양말것이
富貴功名 虛事라 몸돌아가니。

誰云洛下時多變 我願人間事不聞
莫向樽前辭一醉 五陵公子草中墳

桂生

變하는 世上일을 들어서 무엇하리
다만지 잔을들어 醉하야 놀아지다
身死後 富貴功名야 뜬구름가 하노라。

님을생각하고

동산에 배꽃 피고 杜鵑우는밤
뜰에가득 달빛이 더욱 설고야。
꿈에나 만나자도 잠은 안오고
窓기대 섯노라니 새벽닭 우네。

瓊苑梨花杜宇啼 滿庭蟾影更凄凄
相思欲夢還無寐 起倚梅窓聽五鷄

桂生

배꽃에 杜鵑울고 달빛은 뜰에밝아
우리님 꿈귀라도 어느잠 幸혀오랴
새벽닭 꼬꾸요 우니 窓만 환해 오더라。

꿈을깨니

꿈을깨니 바람비 꿈에숨인다
한世上 살아가기 이닷어렵가。
들뽀우라 誼좋이 앉은저제비
어느때나 우리님 돌오실는가。

夢罷愁風雨 沉吟行路難
慇懃樑上燕 何日喚人還

桂生

꿈깨니 쓸쓸코야 바람비숨여드네
한世上 살아가기 이다지어려울가
제비라 誼좋은양을 못내그려하노라。

醉한이에게

여보서요 이치마 제발놓서요
그러다 치마폭이 쯪어지리다。
치마야 아까울것 하나없어도
그러다 誼 상하면 어이하렷가。

醉客挽羅衫 羅衫隨手裂
不惜一羅衫 但恐恩情絕

桂生

이넘아 치마폭을 웨이닷잡으시나
치마야 쯪겨란들 무슨恨있으랴만
그러다 誼가 상할가 못내두려하노라。

금장도

우리님과 誼좋이 바꾼 금장도
세월의 탓이랄가 모다 깨젓네。
금장도 아까울것 없다하여도
幸혀 愛情 끊일가 근심이로다。

故人交金刀 金刀多敗裂
不惜金刀盡 且恐交情絶

桂生

님주신 이금장도 어느덧 깨여졌네
이맛의 금장도야 아낄것 없다해도
幸혀나 愛情끊길가 못내두려 하노라。

庄士

망난이놈 庄士를 그저 깝실어
나날이 땅마지기 줄어지거니、
庄士야 아까울것 없다 하여도
宗祠가 끊여질가 걱정이고야。

悖子賣庄士 庄士漸扯裂
不惜一庄士 只恐宗祀絶

桂生

망난이 논과밭을 나날이 팔아먹네
그까즛 땅조각야 아깝지 않으나마
그려다 宗祠끊길가 못내두려 하노라。

消遣

들우에 가을빗이 하도 좋길래
혼자로서 江까라 다락 올으니、
어느집 風流客ㅅ가 술병을 들고
다락으로 날찻아 맏아오나니。

四野秋光好 獨登江上臺
風流何處客 携酒訪余來

桂生

가을빗 좋길래로 호올로 江樓올나
맘고이 가즌風景 고요이 구경할제
술들고 風流華客이 나를찻아 오더라。

이내속야

하소할길 바없어 잠잣는心思
꿈갈달가、 아니면 얼 빠진것가。
琵琶들어 이身勢 탄식이건만
이心思 뭇는이는 하나도 없네。

含情還不語 如夢復如痴
綠綺江南曲 無人問所思

桂生

하소도 뭇는心思 꿈갈고 얼빠진듯
이身勢 琵琶들어 야속이 탄식컨만
어이해 외론心思를 뭇는이도 없나니

病中에

아모리 봄이기로 病들겁넛가
못내그려 님탓에 생긴거외다。
이래저래 뜬시름 많은 이世上
저승이 다시곰곰 그립사외다。

不是傷春病 只因憶玉郎
塵寰多苦累 孤鶴未歸情

桂生

님으로 생긴이病 봄탓이 아넌것을
世上엔 하로같이 시름뿐 끝없고야
저승이 다시금 그려 못내설어 하노라。

뜬風說

잘못은 없다해도 風說이 도니
이래저래 말성은 더욱이고야。
뜬시름 가즌怨恨 버릴길없어
門을닫고 病이라 내 누었노라。

誤被浮虛說 還爲衆口喧
空將愁與恨 抱病掩柴門

桂生

風說이 돌고보니 말성은 더욱이요
뜬시름 가즌怨恨 풀길은 바이없어
門닫고 들어누으니 病들었다 하더라。

님에게

一生苦樂 맘깊이 맹서튼 그날
사랑은 바다보다 깊었읍니다。
그러든걸 돌서고 消息없으니
이내속 아닌밤에 便할겁닛가。

松栢芳盟日 思情與海深
江南青鳥斷 中夜獨傷心

桂生

그님과 一生苦樂 맘깊이 맹서할제
바다가 桑田되도 떠날길 없었고야
그러나 가고 안오니 이맘 서오 하오라。

自傷

三年두고 서울을 그려하건만
모다 꿈요 새봄만 또다시 오네
黃金이 원수고야 풀길없는맘
아닌밤에 혼자로 얼을 잃노라。

京洛三年夢 湖南又一春
黃金移古意 中夜獨傷神

桂生

서울을 가고지고 三年을 버르건만
모도다 뜬구름요 새봄만 다시 드네
黃金에 얽매인世相 못내설어 하노라。

自恨

슬슬東風 구즌비 밤새 오드니
버들이랴 梅花가 모다 프렷네。
이좋은 새봄철에 참아 할거랴
님과離別 잔드니 눈물인것을。

東風一夜雨 柳與梅爭春
對此最難堪 樽前惜別人

桂生

지난밤 슬슬東風 구즌비 설네드니
버들과 梅花낡에 봄빛이 가득코야
님離別 애끊는잔을 어이들가 하노라。

옷을 꿰매며

봄이치워 떠난님 핫옷 꿰맬제
紗窓까 반갑고야 다사한 해별。
고개숙여 바늘을 놀니노라면
눈물이 바늘귀에 구슬로 지네。

春冷補寒衣 紗窓日照時
低頭信手處 珠淚滴針絲

桂生

치운봄 떠나신님 핫옷을 꿰여맬제
紗窓까 반갑고야 해별이 밝은것을
바늘귀 지는눈물야 하마님이 알으리。

春思

春三月이 좋와서 바람이 부니
곳곳마다 꽃송이 하늘을 도네。
거문고로 이相思 하소하건만
消息조차 없고야 떠나신님은。

東風三月時 處處落花飛
綠綺相思曲 江南人未歸

桂生

곳마다 봄바람에 꽃송이 지는고야
이相思 둘곳없어 거문고 타노메라
가시고 안오는님야 이런줄을 알으리。

단식

네라내라 님만나 즐기든꿈도
깨고나니 모도다 虛事인것을。
맘대로 줄갈곳이 못내 그리워
날저믈제 시름만 끝이 없고야。

一片彩雲夢 覺來萬念差
陽臺何處是 日暮暗愁多

桂生

꿈속에 님과함께 노든양 좋은것을
잠깨니 모다虛事 그립기 짝없오라
해지니 그꿈뵈일가 조마조마 하오라。

湖水에 배띄우고

湖水에 가을드니 새파란 물빛
연꽃닢 욱진곳에 매생이 매고
물건너 님과서로 연밥 던지다
남이보아 반나절 無顔했노라。

秋淨長湖碧玉流 荷花深處繫蘭舟
逢郞隔水投蓮子 遙被人知半日羞

許蘭雪軒

연꽃닢 욱진곳에 매생이 얽어매고
님에게 연밥 치다 님에게 들켯고야
半나절 無顔한맘야 일러무삼。

楊柳枝詞

안개랄가 봄비에 어리운버들
해마다 가지꺾어 가는님 줬네。
봄바람은 이離恨 몰으노란듯
낮은가지 휘둘며 길만 쓰나니。

楊柳含煙灞岸春 年年攀折贈行人
東風不解傷離別 吹却低枝掃路塵

許蘭雪軒

해마다 버들꺾어 가는님 주었나니
봄바람 이離恨을 그어이 알올것가
낫가지 슬슬불어서 길먼지만 쓸더라。

봄철인제

제비는 쌍을지어 첨아끝 돌고
어즈럽사 꽃닢은 치마에 지네。
봄철인제 閨房서 태우는 이속
야속코야 가고는 안오는님아。

燕掠斜簷兩兩飛 落花撩亂撲羅衣
洞房極目傷春意 草綠江南人未歸

許蘭雪軒

제비는 쌍을지어 첨아끝 날아돌고
가는봄 지는꽃은 치마에 지는고야
가고서 안오는님은 님의애만。

閨怨 (一)

아롱아롱 치마폭 적신 이눈물
모도다 님그리운 離恨이외다。
거문고로 한가락 속풀고 나니
배꽃도 비에지처 떠러집니다。

錦帶羅裙積淚痕 一年芳草恨王孫
瑤箏彈盡江南曲 雨打梨花晝掩門

許蘭雪軒

님그려 나는눈물 치마폭 적섯고야
이心懷 거문고로 한가락 타고나니
배꽃도 비를못이겨 떨어떨어 지더라。

閨怨 (二)

다락에 가을깊어 울안은 뷔고
서리싸인 갈밭을 기럭이 앉네。
거문고 한曲調에 님 어듸가고
연꽃만 들못우에 脈없이 지네。

月樓秋盡玉屛空 霜打蘆洲下暮鴻
瑤瑟一彈人不見 藕花零落野塘中

許蘭雪軒

다락에 가을깊고 갈밭에 서리쌘제
거문고 한曲調에 그님은 간데없고
연꽃만 들못에지며 身勢탄식 하더라。

밤風景

날신날신 실버들 기슭을 덮고
물신물신 꽃냄새 바람을 돌고
달이뜨니 湖水는 거울 같은제
기집애들 興이라 밤새 노랠세。

長堤十里柳絲垂 隔水荷香滿客衣
向夜南湖明月白 女郎爭唱竹枝詞

許蘭雪軒

기슭엔 버들이요 바람엔 香내로다
湖水에 달이밝아 그景이 거울언제
기집들 노래노래로 興이겨워 하더라。

竹枝詞 (一)

시내까 돌언덕에 사는 아씨네
사르사르 물살이 치마끝 씻네。
아츰마다 한가이 매생이 매고
쌍지어 나는원앙 못내 반기네。

家住江陵積石磯　門前流水浣羅衣
朝來閑繫木蘭棹　貪看鴛鴦相伴飛

許蘭雪軒

시내까 사는아씨 떠난님 못내그려
미는물 아츰마다 뱃대을 기대고서
쌍지어 나는원앙을 못내 부러 하더라。

竹枝詞 (二)

집門밧은 위험타 거츨은 여울
이여울 떠가는배 아마 힘드라。
바닷물 信이있이 제때 들와도
님의밴 한번가면 언제나 올고。

永安宮外是層灘　灘上舟行多少難
潮信有期應自至　郞舟一去幾時還

許蘭雪軒

거츨은 여울물우 가는배 괴론것을
바닷물 信이있어 제때에 나들어도
님의밴 한번 곳 가면 올길없어 하노라。

원앙이 잠을깨리

湖水에 달밝으니 거울이랄가
이속에서 밤새며 蓮따는 님아。
기슭으로 幸혀나 배 저을세라
원앙이 꿈을깨여 놀내 날으리。

湖裏月初明 采蓮中夜歸
輕撓莫近岸 恐驚鴛鴦飛

許蘭雪軒

湖水에 달밝다고 蓮꽃을 따는님아
배저어 기슭으로 가까이 가지마소
幸혀나 잠든원앙이 깨여 날가 하노라。

江南曲

하는말이 江南을 즐겁다 하나
江南처럼 설은곳 없다 하노라。
해마다 같은浦口 모래밭에서
얼마나 설은離別 배 떠나든강。

人言江南樂 我見江南愁
年々沙浦口 腸斷送歸舟

許蘭雪軒

江南을 즐겁다고 모도들 니르나마
쓴離別 설은景야 그아니 눈물인가
無心타 드나는배는 님만 실고 가나니。

送別

許蘭雪軒

드리는 이금비녀 사양마소라.
싀집갈제 이머리 단장했드니
이날이라 그대게 내 드리나니
떠나千里 먼길에 낫지마소라.

妾有黃金釵　嫁時爲首飾
今日贈君行　千里長相憶

싀집을 내가갈제 꽃앗든 이금비녀
오늘날 그대에게 맘고이 드리노니
먼먼길 千里他鄕에 낫지말아 주소서.

봄비

許蘭雪軒

보슬보슬 봄비는 못에 내리고
찬바람이 장막속 숨어들을제
뜬서름 못내이겨 병풍 기대니
송이송이 살구꽃 담우에 지네.

春雨暗西池　輕寒襲羅幕
愁依小屛風　墻頭杏花落

봄비는 보슬보슬 찬바람 숨어들제
뜬시름 못내이겨 병풍을 기대서니
담우에 살구꽃지며 갈길몰나 하더라.

치운밤에

못까엔 버들가지 놀고
움물우엔 梧桐닢 우수수 질제、
窓밖엔 버레소리 애처론것을
찬자리 엷은이불 잠들길 없네。

池頭楊柳疎　井上梧桐落
簾外候蟲聲　天寒錦衾薄

許蘭雪軒

버들은 엉성하고 오동닢 지는밤에
버레는 소리소리 窓까서 哀願이라
찬자리 엷은이불에 잠들길이 없어라。

離別이 잦아

江南나서 江南서 자라난 이몸
설은離別 몰으고 지내섯노라。
그리든걸 열다섯 좋은나이에
뉘가 알랴、 뱃사람 맞올줄이야。

生長江南村　少年無別離
那知年十五　嫁與弄潮兒

許蘭雪軒

江南서 나고자라 離別을 몰낫드니
열다섯 좋은나에 뱃사람 맛앗고야
날마다 물들때에는 마음졸녀 하노라。

貧女의노래 (一)

밤깊도록 베짜는 이외론 이心思
뉘옷감을 이몸은 이리 짜는가。

×

팔벼개 수우잠도 맛볼길 없이
텡텡텡 북 울니며 벼짜는 몸엔
겨울의 긴긴밤이 그저 치울뿐
뉘옷감을 이몸은 이리 짜는가。

夜久織未休 戞戞鳴寒機
機中一匹練 終作阿誰衣

×

팔벼개 수우잠도 모도다 그림의떡
긴겨울 밤을새며 텡텡텡 짜는이벼
그뉘가 입을것인고 心思설어 하노라。

許蘭雪軒

貧女의노래 (二)

주려도 주린氣色 보이지 않고
왼終日 窓까에서 홀로 벼짤제
父母만은 애연타 생각을해도
이웃사람 남이라 어이알리오。

不帶寒餓色 盡日當窓織
惟有父母憐 四隣何曾識

주려도 그런체를 꿈에도 안보이고
왼終日 窓까에서 쓸쓸이 벼만 짜네
父母는 애연해 하되 이웃이야。

許蘭雪軒

貧女의 노래 (三)

가위로 사둑사둑 옷 말로라면
치운밤에 손끝이 호호 불니네。
싀집사리 길옷은 밤낫이 건만
이내몸은 해마다 새우잠인가。

手把金剪刀 夜寒十指直
爲人作嫁衣 年々還獨宿

許蘭雪軒

품파리 바느질로 지내는 이아가씨
밤낫을 싀집사리 남의옷 지으나마
해마다 그몸은 되려 새우잠만 자나니。

貧女의 노래 (四)

人物랴 길삼이랴 좋은아가씨
가난이 원수고야 仲媒 안오네。

× ×

누구보다 人物이 꿋한게 안요
바느질야 길삼에 솜씨 좋건만
오막사리 이가난 원수랄는가
仲媒넌석 그림자 얼는 안누나。

豈是乏容色 工鍼復工織
少小長寒門 良媒不相識

許蘭雪軒

人物이 좋은데다 바느질 솜씨건만
가난이 원수랄가 파무처 사는身勢
仲媒야 이런事情을 어이알가 하노라。

故鄕생각

간밤비에 앞江엔 모래 넘치고
물길萬里 떠가는 외로운 저배。
새라새봄 내故鄕 찾아를 가리
他鄕萬里 이몸은 예 남앗고야。

前江夜雨漲虛沙 萬里同情一帆斜
遙想故園春已到 空懷無賴坐天涯
雲 楚

앞江이 간밤비에 모래발 되온것을
난바다 萬里길에 故鄕을 가는 저배
다시금 故鄕春色이 눈에암암 하오라。

구름

人跡끊여 밤물만 소군거릴제
잠을깨니 달빛은 西山을 넘고
찬바람에 하늘은 맑아를지네。
이내맘은 저구름 어듸를 가랴。

夜深人定水聲低 睡起無情月在西
會有冷風澄碧落 自憐心事似雲迷
雲 楚

밤들어 人跡없고 물소리 낮은것을
西山에 달이지고 하늘엔 바람이라
이맘은 헤매는구름 어딜갈가 하노라。

꿈깨고나니

한번 떠나 먼곳서 생각외롤제
부슬부슬 뜰꽃은 비방울인가。
까치의 깍깍소리 꿈깨고 나니
꿈길만 실낫인양 희미탄말가。

一別成都惱遠思　庭花如雨滴霏霏
饞鵲數聲慵罷夢　夢中歸路細如絲

雲　楚

가는봄 지는꽃에 故鄕이 반가울제
無心타 까치깍깍 내꿈을 깨와주어
오가든 외론꿈길만 실낫인양 하오다。

탄식는동무에게

피ㅍ리 그늘속서 긴봄을 울제
고흔님은 속설어 방에 앉었네。
봄바람에 넘노는 버들을 껶어
가지가지 님의맘 매여를지고。

遲日鶯啼小杏陰　佳人惝坐繡簾深
願取春風無限柳　絲絲縮結百年心

雲　楚

피ㅍ리 설니울제 버들엔 바람이라
넘노는 버들가지 속속이 껶어내여
우리님 휘도는맘을 매여볼가 하노라。

落梅를보고

꽃얼골 흰살갓은 야윗으나마
東風에 열매맺고 가지프르러
봄자최를 끊잔코 傳해주나니
이人生 쓴離別이 어이 미츠랴。

玉貌氷肌冉冉衰 東風結子綠生枝
纏綿不斷春消息 猶勝人間恨別離

雲 楚

얼골은 야윗으나 봄자최 分明할시
東風에 열매맺고 가지는 프르거니
이人生 쓰린離別만 孟浪한가 하노라。

드나는세월

갈발에 바람부니 이슬 새롭고
넓은들은 가없이 풀 자란것을
내 가노라 밤낮을 물은 쉬잔아
봄엔꽃이 가을엔 잎사귀 지네。

蒹葭風起露華新 平楚無邊思殺人
逝水那堪如寸晷 春花秋葉可憐身

雲 楚

갈밭을 바람도니 이슬은 방울지고
긴들엔 풀자라고 江물은 흘러흘러
봄가을 꽃과잎사귀 피고지고 하더라。

집생각

밝은달은 다라에 날새는 칩고
가을鄕愁 구름끝 설니 떠듣제、
프른갈 넓은물에 消息이 끊여
호올로 난간기대 밤을 새나니。

月正當樓夜更寒 故園秋思在雲端
蒼葭水濶音書斷 直到天明獨倚樓

雲 楚

다락엔 달이밝고 날새는 쌀쌀코야
鄕愁는 가을인제 구름끝 설니 도나
消息은 들을길없어 혼자밤을 새나니。

늣은 봄風景

버들속서 요란이 우는 꾀꼴이
가는봄 설은情은 아직이랄가。
이른아츰 江물엔 넘넌 복사꽃
順風에 돗을달고 배 낼여오네。

山臺翠柳亂聞鶯 猶有殘春未了情
朝來汎濫桃花漲 一帆靡風下浿城

雲 楚

꾀꼴이 봄간다고 요란이 노래하고
일아츰 江물우엔 복사꽃 널린것을
順風에 돗달은배가 밟고밟고 가더라。

梅花꽃

영성타 외가지에 달닌梅花꽃
바람비에 시달녀 고개 숙였네。
땅우에 지다할손 고흔 그香내
해룽해룽 버들꽃 미츨것이랴。

寒梅孤瘠可憐枝 殢雨癲風困委垂
縱令落地香猶在 勝似楊花蕩漾萎

雲楚

바람비 甚한닷가 梅花꽃 숙으렷네
아모리 땅에떨녀 이저리 돌아련들
그香내 虛蕩한楊花 미츨길이 있으리。

假梅花

피끌이 잠잠하고 실비 오는데
黃昏은 窓에내려 안윽한것을。
가는봄을 잡을길 바이 없어서
假梅花를 花甁에 꽂아보나니。

孤鶯啼歇雨絲斜 窓掩黃昏曖碧紗
無計留春春已老 玉甁聊插假梅花

雲楚

피끌이 잠잠하고 실비는 내리는데
다시금 가는봄이 넘우도 야속하야
花甁에 假梅花꽃을 꽂아놓고 보나니。

봄간뒤에

어제밤 들우에서 봄을 보내고
깊은시름 잔들어 풀으라할제,
石榴낡엔 붉은꽃 아직도 남아
나비들 담을넘어 찾아오거니。

芳郊前夜餞春回 不耐深愁強把盃
猶有榴花紅一樹 時看蛺蝶度墻來

雲楚

어제밤 봄보내고 잔들어 시름풀제
아직도 석누낡엔 붉은꽃 남앗다고
나비들 담을넘어서 찾아찾아 오더라。

七夕에

어엿차 한소리에 山어듸 간고
참아 이밤 술취해 못보낼것을
무어라 닭은 울어 동 트단말가
잠잣코 서로 보다 서러이 예리。

漁歌一曲四山空 不忍醉過此夜中
何事鷄鳴天欲曙 相看脉脉去怱怱

雲楚

어엿차 한마듸로 江에 떠 잔을잡고
이밤을 아끼올제 닭울어 동이 튼다
잠잣코 서로 바라다 설니엘가 하노라。

흐르는물

가을湖水 十里를 에워싼 山들
맑은노래 부르며 다락 기대니
氣차게 다락앒은 물은 흐르네
바다로 들어가선 波瀾지으리。

秋湖十里繞群巒 一曲淸歌倚彩欄
浩浩臺門流去水 終歸大海作波瀾

雲楚

다락을 고이기대 노래를 부르올제
湖水는 다락앒을 쉬잔코 흘너가네
이물이 바다로 들언 가즌風波 되오리。

속은딴데두고

거울속 야윈얼골 남인양 보니
寒梅의 그림자에 속은 대랄가。
이리저리 世上일 입을 담으니
이世上엔 몸便한 사람이고야。

鏡裏癯容物外身 寒梅影子竹精神
逢人不道人間事 便是人間無事人

雲楚

거울속 야윈얼골 남인양 無心하야
世上일 꿈에라도 이야기 않고보니
世上에 便安한이는 이몸인가 하노라。

늦봄에 길떠나며

날은길고 深山엔 풀이 프르려
어듸로 봄갓는지 길 몰으겟네。
뭇노니 이내몸은 무엇갈을고
夕陽녁 하늘끝의 외로운구름。

日永山深碧草薰 一春歸路杳難分
借問此身何所似 夕陽天末見孤雲

雲楚

프른풀 香氣롭고 나날이 날은길이
어듸로 봄갓는지 알길은 바이없네
이몸은 夕陽하늘끝 외구름가 하노라。

저燈불 얄굿고야

無心타 흐르는물 돌올길 없건
봄바람 가을달을 뉘와 즐길고。
오늘밤은 맘대로 속 풀자건만
저燈불 폇다젓다 얄망굿고야。

流水無情不復來 春風秋月與誰杯
今宵說盡平生志 會事燈花落又開

雲楚

물가고 안오나니 그뉘와 즐기는다
이밤은 싸인속을 골고로 풀자건만
燈불이 껌벅거려서 어이할가 하노라。

閑居

紗窓에 잠이깨니 西便엔 흰달
지난일 생각하면 모다 꿈인재
맑은바람 한가이 바알 헤치니
고흔맘엔 범새가 깃 드렷고야。

紗窓睡罷月輪西 漢水雲煙夢裡迷
林下淸風簾幙起 芳心寂寞一鶴棲

雲 楚

잠깨니 달은밝고 지난일 꿈갈은데
草堂을 맑은바람 스르르 부는고야
한가한 님의마음이 못내살틀 하오라。

詩와술 (손님에게 들이는諷詩)

술過하면 本性을 잃기가 쉽고
詩잘하면 사람은 窮케되나니
아모리 詩와술이 벗은 될망정
親키도 성글기도 모다 어렵소。

酒過能伐性 詩巧必窮人
詩酒雖爲友 不踈亦不親

雲 楚

本性은 술에잃고 노래엔 窮케되오
詩와술 모다좋와 벗으로 즐길망정
親차니 어려운일이 성키자니 딱하오。

離別은 웨하고서

찬자리 팔벼개로 밤을 새우니
거울속엔 이얼골 그저 야윌뿐。
離別은 웨하고서 이설음인가
예부터 人生百年 못사는것을。

轉輾寒衾夜不眠 鏡中憔悴只堪憐
何須相別何須苦 從古人生未百年

竹西

찬자리 팔벼개에 어느잠 하마오리
無心이 거울드니 얼골만 야윗고야
百年을 못사는人生 離別더욱 설어라。

梅花꽃

世相을 낮은탓가 몸이 한가해
돌아드니 옛터엔 봄철 돌아와
梅花꽃 송이송이 반기어 웃네
띠끌하나 안섞인 맑은 그香내。

世機忘却自閑身 西馬西來再見春
東閣梅花今又發 清香不染一纖塵

竹西

이몸이 한가하야 옛터로 돌아드니
梅花꽃 송이송이 새봄에 피였고야
清香의 깨끗한양은 比길데를 몰나라。

떠나신님에게

거울속에 비최인 야윈 이얼골
마음은 무어랄가 깊이 가친새。
咫尺이 千萬里가 님 안오시고
지는해 못내설어 門닫고 마네。

莫鬱憔悴鏡中顔 心似金籠鎖白鷗
咫尺還如千里遠 愁看落日掩柴門

竹 西

거울을 들고보니 이얼골 야윗고야
咫尺이 千里로다 가신님 아니오네
지는해 못내설어서 싸리門을 닫나니。

외로운밤

밤깊으니 西쪽에 달은 잠기고
외로운燈 쓸쓸이 이맘 비최네。
이傷心 藥으로 써 못고치려니
이生은 가친몸가 恨스러울뿐。

天回斗轉月西沉 一炷殘燈獨照心
百藥難醫腸斷處 吾生從此恨籠禽

竹 西

西山에 달이지고 四方은 어둔것을
외론燈 이마음을 쓸쓸이 비최줄제
이傷心 고칠길없어 혼자설어 하노라。

설음

생각을 마자건만 살틀한것을
어이하야 우리는 이러 떠난고。
까치가 기쁜消息 傳한다 마라
올가올가 몟저녁 내가 기둔고。

不欲憶君自憶君 問君何事每相分
莫言靈鵲能傳喜 幾度虛驚到夕曛

竹西

생각을 마자해도 自然이 나는고야
남의속 몰으고서 저까치 웨 우는가
여러번 밤이들도록 기두기만 햇나니。

故鄕생각

난간을 기대서니 시름 끝없고
北風의 눈보라에 날은 저믄데
구름밖에 웨치는 기럭이소리
바라보니 故鄕은 머나먼 東便。

獨倚欄干恨更長 北風吹雪夜昏黃
數聲鴻雁遠雲外 東望故國天一方

竹西

서름을 못내禁해 난간을 기대서니
北風은 눈을몰고 날새는 黃昏인데
웨치는 기럭소리에 故鄕생각 나더라。

밤이건만

노랑별 西山넘자 달은 東山에
燈불앞에 외로이 누엇노라면
天地에 밤든닷가 고요한것을
무어라 이마음은 숭숭탄말가。

斜暉西盡月出東 獨臥燈前萬事空
天地夜來俱寂寞 如何煩惱此心中

竹西

西山에 해가저자 東山에 달이로다
天地에 밤이드니 모도다 잠든것을
어찌타 이마음속엔 뜬시름만。

이離恨

거울속에 야윈양 뉘가 설다랴
離恨의病 藥으로 못 고칠것을。
他生에 나와님이 바꿰랜다면
이저녁 설은이情 아마 알으리。

鏡裏誰憐病已成 不須醫藥不須驚
他生若使君如我 應識相思此夜情

竹西

離恨이 病이되야 이얼골 야윗고야
만일에 나와님이 他生에 바뀐다면
이저녁 설은이마음 짐작할가 하노라。

늦은봄저녁에

꽃샘노라 이날새 이닷 가을가
고요한밤 銀河는 맑고맑고야。
이몸은 기력이가 웨 못되는고
해마다 님의곳을 내 못가노라。

落花天氣似新秋 夜靜銀河淡欲流
却恨此身不如雁 年年未得到原州

竹西

이날새 꽃샘할제 밤銀河 맑을시고
이몸은 저기력이 어이려 못되인고
해마다 님게신곳을 갈길없어 하노라。

가을에 벗을

저녁인제 기력이 떼지어 날고
江엔구름 山엔숲 애를끊나니、
相思의 설은눈물 실은 이물아
흘러흘러 님의곳 너는 가려니。

一陣哀鴻向晚多 江雲嶺樹斷腸何
相思泣灑東流水 去作三湖別後波

竹西

기력이 떼져 날고 江물은 끝없는데
相思의 더운눈물 물우에 뿌리노니
흘러서 쓰린離恨을 님끠傳해 주소라。

離別이 없어란들

님이그려 외로이 다락 기대니
燭불만 이내시름 돕와 주누나。
이人生에 離別이 없었드란들
누구라서 求하랴、神仙과富貴。

相思不見獨依樓 燭影空添一段愁
若使人生無暫別 不求仙子與封侯

竹西

님그려 나는눈물 燭불이 돕와주네
이人生 離別없이 한百年 살아란들
그뉘가 神仙과富貴 탐내일가 하노라。

除夜에

無心타 이한해도 가고 마나니
힘으로 써 이한밤 붓잡을거라。
예부터 가는세월 모다 꿈이요
이人生 늙는고야 몰으는새에。

無情又遣今年去 有力難回此夜窮
萬古消磨應是夢 人生老在不知中

竹西

힘으로 가는해를 잡을길 바이없어
예부터 가는세월 꿈이라 니럿고야
이人生 몰으는새에 늙는건가 하노라。

그뉘가 더욱

燈불엔 꽃 실거며 줄을 느리는
새벽인제 갑작이 님의글 왔네。
그리는情 그뉘가 더욱이런가
은근타 밝은저달 모다 알으리。

一札飄然到曉時 靑燈花落喜蛛垂
兩邊情緖誰相念 明月慇懃知未知

竹西

새벽이 되였은제 님의글 반갈시고
님과나 그리는情 그뉘가 더탈는고
明月만 은근이혼자 두마음을 보더라。

적은새에게

뜰우라 낡에와서 우는 이새야
어느山서 넌 자고 일즉 예 온고。
山으로서 왔으면 山일을 알리
「진달내 꽃필날은 언제이드냐?」

庭樹彼啼鳥 何山宿早來
應知山中事 杜鵑何日開

竹西

일아츰 뜰에와서 지죄는 적은새야
山에서 네 왔으면 山일을 아마 알리
진달내 꽃피일날은 언제인가 하노라。

꿈

이近來 우리님은 어이 지내나
紗窓에 달밝으니 생각간절타。
오고가는 꿈길이 자최 있다면
님의門前 돌발이 모래련만은。

近來安否問如何 月到紗窓妾恨多
若使夢魂行有跡 門前石路半成砂

李玉峰

紗窓에 달밝으니 님생각 더욱간절
오가는 이꿈길이 자최곳 있어드란
님의집 門前石路가 모래된가 하노라。

님을예고

離恨의病 잔들어 고칠길 없고
藥으론 한갓되이 속만 태울뿐。
눈물은 물이런듯 외론찬자리
밤낮을 적시노나 뉘라 알으리。

平生離恨成身病 酒不能療藥不治
衾裏泣如氷下水 日夜長流人不知

李玉峰

님탓에 생긴病은 고칠길 바없애라
잔들어 못푸나니 藥써서 될가보냐
밤낮에 더운눈물만 찬자리를 적서라。

첫가을

발새가 성근탓가 첫가을바람
엷은옷에 숨이어 몸서리나네。
달빗에 구슬인듯 이슬빗나고
비레는 풀밭에서 가을을읇네。

翡翠簾疎不蔽風 新涼初透碧紗櫳
涓涓玉露團團月 說盡秋情草下蟲

李玉峰

첫가을 찬바람은 홋옷에 숨여들고
이슬은 구슬인양 달빗에 빗나는데
풀밭의 뭇버레들은 가을설어 울더라。

봄아츰

보슬비에 첨앗물 줄기가 저서
새벽일제 잠자리 으스칩고야。
꽃이 지니 봄철잠 그리운것을
제비는 지죄지죄 발을열라네。

虛簷殘溜雨纖纖 枕簟輕寒曉漸添
花落後庭春睡美 呢喃燕子要開簾

李玉峰

보슬비 새벽일제 잠자리 차올시고
꽃진뒤 봄철잠은 한없이 좋은것을
제비는 잠깨라는듯 지죄지죄 우나니。

가신다하니

님찻아 오는말의 방울소리에
취한술 모다 깨고 가슴만 덜컥。
시름에 지친얼골 참아 못내놔
窓까서 눈섭이나 그려보나니。

柳外江頭五馬嘶 半醒愁醉下樓時
春紅欲瘦羞看鏡 試畵梅窓半月眉

李玉峰

님찻는 말소리에 이가슴 내려안네
시름에 지친얼골 남들이 볼가 하야
窓까서 半달눈섭을 다시그려 보나니。

가을밤

붉은깁에 가리워 燈불이 붉고
꿈깨니 덮은이불 半이 븨엿네。
鳥籠엔 서리차다 앵무가 울제
갈바람에 梧桐닢 뜰 덮어나네。

絳紗遙隔夜燈紅 夢覺羅衾一半空
霜冷玉籠鸚鵡語 滿階梧葉落西風

李玉峰

絳紗에 燈붉은제 외로이 꿈을깨니
鳥籠엔 서리차다 앵무새 탄식하네
梧桐닢 가을바람에 뜰을덮어 날더라。

七夕

서로만나 끝없이 즐겨하나니
이人間 離別헤야 어이 比기랴。
하늘선 아츰저녁 만나는것을
人間선 一年언양 그릇아나니。

無窮會合豈愁思 不比浮生有別離
天上却成朝暮會 人間謾作一年期

李玉峰

끝없이 만나거니 무엇을 설다리오
天上선 朝夕으로 만나서 즐기건만
人間선 한해만이라 잘못설어 하더라。

까치짝짝

오마든님 어이해 이리 늦을가
梅花꽃만 無心이 뜰우에 지네。
까치짝짝 반갑다 님오시라나
거울들어 눈섭은 뭐라 그련고。

有約郎何晚 庭梅欲謝時
忽聞枝上鵲 虛畫鏡中眉

李玉峰

오마든 님은 늦고 梅花만 뜰에 질제
반갑다 까치 짝짝 님께서 오시랴나
거울에 얼골비최고 두눈섭만 짓나니。

저닭아 우지마라

그까즛 내일밤야 짧거나 마나
이한밤만 요대로 길어를지고。
저닭아 우지마라 날이 새이면
픔에안긴 우리님 길차비 하디。

明宵雖短短 今夜願長長
鷄聲聽欲曉 雙臉淚千行

李玉峰

낼밤야 짧든마든 이한밤만 길고지고
저닭아 우지마라 네가울면 날이새리
가실님 생각을하니 눈물앞서 하노라。

물으시거든

이心懷를 낫낫이 하소차 해도
어이하랴 수집어 말이 안나네。
님이 만일 내消息 물으시거든
「화장도 꿈이런듯 기두드라고」

深情容易寄 欲說更含羞
若問香閨信 殘粧獨依樓

李玉峰

이心懷 하소차도 수집어 말안나네
님께서 어떠트냐 내消息 뭇거들낭
화장도 꿈속이런듯 기두기만。

다락에서

흰梅花는 갈사록 그빛이 맑고
프른대는 볼사록 아름단것을。
이다락 참아 어이 버릴것이랴
多情할손 둥근달 밝게 뜨나니。

小白梅逾耿 深青竹更姸
憑欄未忍下 爲待月華圓

李玉峰

梅花는 빛이희고 프른대 고흔것을
내어이 이다락을 참아나 떠날것가
둥근달 多情이며서 밝은빛을 놋나니。

피리소리 듣고서

못닛나니 뜨내기 故鄕인것을
어느집서 이밤에 길옷 다듭노。
구름밖엔 저 어인 피리소린고
손 헤멜제 기럭인 北으로 나네。

飄泊多年恨未歸 誰家此夜擣征衣
忽聞雲外落梅曲 遠客彷徨雁北飛

幽閑堂

뜨내기 옛마을을 못닛어 탄식인제
다드미 도리독닥 그소리 설은것을
어듸서 망녕의피린 남의애를 끊나니。

送別

이밤딸아 離情이 더욱 선것을
가엾고야 달조차 물우에 지네。
어느곳서 이한밤 그대 지낼고
기럭이 설은소리 客窓을니네。

入間此夜離情多 落月蒼茫入遠波
借問今宵何處宿 旅窓空聽雲鴻過

幽閑堂

離情이 이한밤에 더욱이 설은것을
물우에 달이 질제 그대가 가는고야
기럭이 우는客窓서 어이잘가 하노라。

梅花

梅花탓에 故鄕을 못내 닛나니
담머리 달밝을제 홀노 피든꽃。
해마다 오는봄비 뭐라 반긴고
밤마다 내꿈속에 들오는 그꽃。

千里歸心一樹梅 墻頭月下獨先開
幾年春雨爲誰好 夜夜隴頭入夢來

幽閑堂

故鄕을 못닛기는 옛梅花 탓이로다
담머리 달밝을제 그꽃이 피였고야
밤마다 꿈속에들어 닛을길이 없어라。

同生을 생각하고

아닌밤 소리소리 버레가 울고
夕陽인제 매암이 탄식을하네。
同氣의情 꿈에나 맺으랴건만
새벽닭 원수고야 내잠 깨우네。

中夜虫聲悲淚落 夕陽蟬語離愁生
枕邊欲作塤篪夢 莫敎金鷄報曉鳴

幽閑堂

夜半엔 버레소리 夕陽엔 맴이로다
꿈에나 同氣의情 애꾸지 맺자건만
새벽닭 꼬꾸요 울어 내잠깨와 주나니。

달을 우러르며

하늘에는 여저긔 구름이 돌고
밝은달에 수풀빛 새로운것을
北녁이라 三更달 누어서 보니
千里먼곳 님생각 절노 나누나。

天際浮雲片片橫 林光樹色喜新晴
臥看北麓三更月 遙憶西州千里情

幽閑堂

하늘엔 구름뜨고 수풀엔 달이로다
夜三更 北녁달을 누어서 바라보니
님계신 千里먼곳이 눈에암암 하더라。

봄시름

시내까의 실버들 프르른가지
봄시름을 못이겨 휘늘어지고。
피끌인 피끌피끌 탄식하나니
님離別 이발길이 돌아설거랴。

池邊楊柳綠垂垂 黯黮春愁若自知
上有黃鸝啼未己 不堪惆悵送人時
錦園

실버들 봄시름에 휘늉처 느러진제
피끌인 피끌피끌 서러이 우단말가
님예고 돌서는맘야 일어무엇 하리오。

湖亭서

질펀한물 좋와라 갈매기 날제
난간을 기대고서 밤새 노나니、
江건너 도룬도룬 말소리 나네
뉘집배 이달밤에 길 떠나는가。

烟波浩蕩白鷗天 斜倚欄干夜不眠
隔岸時聞人語響 月明南浦有歸船
錦園

갈매기 하늘날고 휜물은 질펀한데
江건너 도룬도룬 말소리 들니나니
뉘집배 아넌달밤에 떠나는가 하노라。

龍山船遊

어엿차 노물 저어 물우에 뜨니
저녁안개 자옥타 어듸로 갈가。
하얀물은 三十里 같은 한빛의
江언덕 버들속엔 다락들 좋고。

櫓歌聲裏棹扁舟 斜日雲霞遠欲流
一色烟波三十里 近江垂柳盡名樓

錦園

노저어 물에뜨니 夕陽에 안개꼈네
하얀물 질펀코야 三十里 한빛인제
江언덕 버들숲마다 좋은다락 많더라。

실비오는날

帳幕여니 하늘엔 물이 다앗고
열두구비 난간엔 부는 봄바람。
江건너 복사꽃과 간은 실버들
실비에 쌓여쌓여 빛이 흐릴뿐。

簾幙初開水國天 春風十二畫欄前
隔江桃李淞江柳 盡入空濛一色烟

錦園

하늘엔 물이 닷고 난간엔 바람인제
江건너 외얏꽃과 복사꽃 실버들들
실비에 함숙이 젖어 빛이희미 하더라。

海棠꽃

봄 다하니 꽃들은 모도다 지고
海棠花 홀로 남아 빛이 붉고야。
만일에 이꽃조차 떨니어드란
다시는 봄다운꽃 볼길 없거니。

百花春已晚 只有海棠紅
海棠若又盡 春事空復空

錦 園

꽃들은 모다 지고 海棠花 붉은것을
이조차 지여드란 이봄도 다 간것이
다시론 봄다운꽃 어이볼가 하노라。

除夜에

좋은세월 헛되이 모다 보내고
낼여츰엔 흰하나 가이없고야。
夜三更 탄식한들 쓸데 있는가
맘이나 닦으면서 餘生 보내리。

無爲虛送好光陰 五十一年明日是
中宵悲歎將何益 自向餘年修厥已

靜 一 堂

헛되이 좋은세월 모도다 보냇고야
낼아츰 쉬인하나 설단들 무엇하리
이餘生 맘을 닦으며 지내갈가 하노라。

밤에

밤깊으니 모도들 소리가 없고
넓은뜰엔 환하게 달이 밝고야。
이마음 씻은듯이 깨끗한것을
맘의자태 이곳서 나는 보노라。

夜久群動息 庭空皓月明
方寸淸如洗 豁然見性情

靜一堂

밤깊어 고요한대 빈뜰엔 밝은달뿐
마음은 씻은듯이 깨끗코 맑지고야
마음의 고흔자태를 나는 본가 하노라。

탄식말고서

봄철일제 가즌꽃 아름답드니
때가 가니 이人生 늙고 마노나。
설어라 탄식한들 미츨것이랴
좋은일을 하면서 지낼수밖에。

春來花正盛 歲去人漸老
歎息將何爲 只要一善道

靜一堂

봄날에 피인꽃도 때가니 지는고야
서럽다 한탄한들 또다시 돌올것가
매양에 좋은일하며 지내갈가 하노라。

가을매암이

나무마다 가을빛 모다 뛴것을
저녁인제 요란한 매암이소리。
한때의 제物情에 생각이 설어
혼자도 오락가락 숲밑 헤매네。

萬木迎秋氣 蟬聲亂夕陽
沈吟感物性 林下獨彷徨

靜 一堂

가을은 남에차고 夕陽엔 매암인제
한때의 제物情에 생각이 하도 설어
숲밑을 혼자 헤재며 맘못잡아 하노라。

摩天嶺서

겻고걸어 나여긔 摩天嶺왓소
돌아보니 東海는 가없는 거울。
먼길萬里 아득타 나웨 왔는고
죽어란들 나어이 님을 버리랴。

行行遂至摩天嶺 東海無涯鏡面平
萬里婦人何事到 三從義重一身輕

宋 氏

摩天嶺 올라서니 東海는 거울이라
먼먼길 千萬里를 무어라 내 왔는고
죽언들 天定配匹을 닞을길야。

物慾이 없노라고

物慾이 없노라고 니르신 그대
아닌밤 五更인제 뭐라 탄식가。
벼슬사리 좋다고 말들을 하나
갈바람에 맘대로 돌음만 하더。

自比元公無物欲 如何耿耿五更闌
玉堂金馬雖云樂 不若秋風任意還

宋 氏

物慾이 없다든님 밤中에 탄식일세
모도들 벼슬사리 좋다고 한다만은
맘대로 가을바람에 돌아옴만 하오리。

醉하니

하는말이 이天地 넓다 하여도
閨房은 깊숙코야 알길 없었네。
이아츰 醉코보니 果然 이世界
넓고넓어 하나도 거침없고야。

天地雖云廣 幽閨未見眞
今朝因半醉 四海闊無津

宋 氏

이天地 넓다해도 閨房선 몰낫드니
이아츰 잔을들고 비로소 알앗노니
환하게 뚤린이世界 끝간데를 몰나라。

겨울밤에

으스스 밤치위에 잠 못이룰제
다락엔 바람불고 밤 질어가네。
민하늘 萬里길에 걸닌 외론달
호젓이 내그림자 비최여주네。

疎疎耿耿不勝寒 風滿高樓夜色闌
長空萬里孤懸月 斜照孀窓影未安

令壽閤徐氏

다락엔 바람불고 밤빛은 질어갈제
먼하늘 萬里길에 외로이 걸닌달만
호젓이 내그림자를 혼자 비최 주더라

맑은밤에

숲속은 찬바람이 거츨길래로
夕陽에 새들 울며 돌아를가네。
맑은밤을 혼자로 바라노라니
들엔 서리 山엔 달 가득 찻고야

散亂寒聲在樹間 風林啼鳥夕陽還
淸宵獨立望仰處 霜滿空庭月滿山

令壽閤徐氏

숲속은 바람차다 새들도 돌아가고
혼자로 밝은밤을 고요이 보노라면
뷘들에 서리가 차고 山에 달빛 이더라。

哀別

손잡으니 발길이 참아 안돌아
이離別 어이하랴 망사리면서
고개를 들어보니 저먼 앞길에
갈바람도 우수수 한숨을 짓네。

握手不忍別 悠悠意不窮
擧頭望行塵 蕭蕭起秋風

令壽閣徐氏

이離別 설어라고 손잡고 망사리며
無心이 고개들어 앞길을 바라보니
우수수 가을바람도 탄식탄식 하더라。

흰구름 가는물만

뷘뜰엔 맑은달빛 가득이 쌔고
梧桐닢엔 이슬이 방울로 지네。
예대로의 다락에 人事가 變코
흰구름 가는물만 一樣이고야。

淸宵月色滿空庭 臥聽高梧滴露華
臺榭依依人事變 白雲流水古今情

李氏

뷘뜰엔 달빛차고 梧桐엔 이슬인제
누어서 바라보니 人事가 變했고야
어즈버 白雲流水만 내情인가 하노라。

시름

시름은 시름딸아 서로 돌아서
이마음 便할길은 바이 없고야。
하로갈이 뒤니어 도는 이시름
어듸로서 온것가、알길이 없네。

愁與愁相接 襟懷苦未開
黯黯無時盡 不知何處來

李氏

시름은 시름딸아 떠나지 아니하니
이마음 잠시란들 便하기 바랄것가
이시름 어듸서온가 알길없어 하노라。

梧桐나무

梧桐나무 심은건 다름아니라
싀연한맛 은근이 보잡이드니、
夜三更 아닌비가 닢에 질때면
소리소리 이간장 녹여내나니。

愛此梧桐樹 當軒納晚凉
却愁中夜雨 飜作斷腸聲

李氏

梧桐을 심은뜻은 晩凉을 보잣드니
아닌밤 비가내려 닢우에 질때에는
이간장 녹여내는듯 맘둘길이 없어라。

편지

반갑고야 뜻밧에 받은 님의글
글字마다 눈물이 어리였고야。
생각노니 달밝고 고요한밤에
이몸을 못내 늣어 울으신것을。

忽得郞函醉夢驚 錦牋字字淚交橫
料知明月無人夜 猶有殷勤戀我情

溫亭

뜻밧에 님의글월 반가이 받아보니
곳마다 눈물흔적 글字가 흐렷고야
달밝고 고요한밤엔 생각더욱 설어라。

내몸을比기노라

어린제비 깃떠나 하늘을 날제
無心타 돌개바람 밟고 갓나니、
다시로야 그뉘가 佳約 맺을고
이마음 생각사록 둘길 없고야。

紫燕辭巢西向飛 風飄輕絮落汚池
阿誰更結三生約 一寸芳心不自持

溫亭

바람에 불넌것이 버들넋 랏 안연만
그뉘라 三生佳約 다시야 맺을것가
혼자로 원망스런맘 못내禁해 하노라。

미들곳 없어

이몸이 그릇되야 이끌이길래
어듸신님 뫼시고 지내자건만
님의마음 믿을길 하도 막길래
다른동산 꽃밭을 찾아도노라。

妾身倫落屬娼家 願得賢郎送歲葉
不識郎心磐石固 暫時移向別園花

溫 亭

어된님 뫼시고서 즐거이 살자건만
어이라 님의맘은 믿을길 바없고야
꽃밭을 찾아돈다고 허물말아 주소라。

紗窓엔 달만밝고

서리빨에 갑작이 나는기럭이
쓸쓸이 山城돌며 웨치는통에
깜작놀내 수우잠 相思夢 깨니
가을달만 紗窓에 뚜렷하고야。

霜雁拖寒聲 寂寞過山城
思君孤夢罷 秋月照窓明

勝 二喬

기럭이 찬서리에 놀내여 山城돌며
웨치는 긴소리에 相思夢 문득 깨니
紗窓엔 늦가을달만 혼자 뚜렷 하더라。

갈바람이 치마폭을

갈바람이 치마폭 휘불때마다
뜬몸엔 가는세월 속설은것을,
草堂에는 가올비 부슬거리고
이슬맺인 가지엔 매암이 우네。

西風吹衣裳 衰客傷日月
蓮堂秋雨疎 露枝寒蟬咽

勝二喬

갈바람 치마폭을 휘돌며 설네일제
뜬몸엔 가는세월 애꾸지 설은것을
매암이 탄석소리에 비가 부슬 이더라。

屛風의 원앙이

하늘은 물이련듯 달빛 프르고
지다남은 닢에는 서리가 쎌제
깊은閨房 혼자서 잠을 자라니
屛風이라 원앙들 부러운것을。

洞天如水月蒼蒼 樹葉蕭蕭夜有霜
十二緗簾人獨宿 玉屛還羨繡鴛鴦

翠 仙

영성한 닢사귀에 서리가 내려쎌제
閨房에 누었으나 어느잠 하마 오리
저屛風 원앙이들을 못내부러 하노라。

예前 놀든곳을

十年을 두고두고 님과 노닐며
몇번이나 醉하야 이곳 멈은고。
이날이라 님간뒤 홀로 찾으니
마름만 가을江에 가득켯고야。

十年曾伴石田遊 楊子江頭醉幾留
今日獨尋人去後 白蘋紅蓼滿汀秋
翠仙

十年을 님과함께 醉하야 놀든곳을
님간뒤 이저녁에 호올로 찾아드니
마름만 가을江上에 가득 피어 돌더라。

꿈

꿈길밖에 길없는 우리의身勢
님 찾으니 그님은 날 찾앗고야。
이뒤엘랑 밤마다 어긋나는꿈
같이떠나 路中서 만나를지고。

相思相見只憑夢 儂訪歡時歡訪儂
願使遙遙他夜夢 一時同作路中逢
黃眞伊

님찾아 꿈길가니 그님은 나를찾아
밤마다 오가는길 언제나 어긋나네
이后란 같이떠나서 路中逢을 하과저。

반달

崑崙이라 귀한玉 그뉘가 캐여
織女의 얼레빗을 만들으신고。
오마든님 牽牛는 안오길래로
心思설어 虛空에 던진거라오。

誰斷崑崙玉 裁成織女梳
牽牛一去後 愁擲碧空虛

黃眞伊

玉으로 織女얼레 그뉘가 만드신고
가고는 아니오는 牽牛님 야속코야
속설어 虛空던지니 얼레혼자 떳더라。

寄情

올가올가 門까서 혼자 기둘다
어둔밤 찬이슬에 옷만 적셧다。
님의곳엔 꽃송이 하도 많아서
날마다 꽃 꺾노라 그래 못오리。

悵望長途不掩扉 夜深風露濕羅衣
楊山館裏花千樹 日々看花歸未歸

楊士彥小室

님올가 기둘다가 치마에 이슬젓네
님의곳 꽃많으니 날마다 꽃보시나
아마도 안오시는게 그러신가 하노라。

님은 가고

갈바람은 우수수 梧桐을 불고
먼하늘엔 감핫케 나는기럭이
홀로窓을 기대니 님 어듸가고
初生달만 못우에 고이 어렷네。

秋風慽々動梧枝 碧落冥々雁去遲
斜依綠窓人不見 一眉新月下西池

楊士彥小室

우수수 갈바람에 梧桐닢 지는고야
하늘엔 기럭이뿐 그님은 간데없고
初生달 못우에 어려 혼자빗을 놋터라。

無心한 실버들

大同江서 고흔님 離別을 할제
무어라 저 실버들 님을 못얽어
우는눈은 우는눈 서로 對하고
설은맘은 설은맘 애 끓이는고。

大同江上送情人 楊柳千絲不繫人
含淚眼着含淚眼 斷腸人對斷腸人

桂月

大同江 저믄날에 고흔님 보내올제
千萬絲 고이고이 느려진 실버들은
가는님 얽을체안코 휘놀기만 하느니。

無心든것이

참아離別 이거는 못할거라고
울며울며 설다고 애끊는양을
철 업슬제 無心코 읽었드니만
이날이라 내몸이 當할줄이야。

流淚眼着流淚眼 斷腸人對斷腸人
曾從卷裏尋常見 今日那知到妾身

桂月

이離別 못할거라 서러이 우는양을
예前날 어렷을제 冊에서 보았드니
오늘날 내 當할줄야 뉘가알가 하노라。

길

갈래갈래 東西로 서로 갈넌길
이대로 만날길은 바이 업고야。
뉘라서 알은것가 돌볼때마다
오락가락 두相思 얽기는것을。

戚戚東西路 終知不可期
誰知一回顧 交作兩相思

崔娘

東西로 갈넌이길 어듸서 만나오리
돌서서 바라보며 남몰내 그리나니
그뉘가 쓰린이맘을 알아줄가 하노라。

銀河

바라보니 딱하다 막인銀河水
다리없는 이江을 어이 건너랴。
꾀꼬리 꾀꼴꾀꼴 동무 찾을제
꽃닢만 지단말가 이내 마음의。

相望隔河漢 欲濟恨無梁
鶯啼花又落 知是割愁腸

崔 娘

銀河가 가로막여 건널길 바없은제
동무가 못내그려 꾀꼬리 우는고야
이마음 꽃아니라도 거침없이 지나니。

故山을 돌아보며

늙으신 어머님을 혼자 남기고
서울가는 이맘야 어떠타 하리。
돌아보니 故鄕은 길이 아득코
프른山엔 흰구름 날도 저므네。

慈親鶴髮在臨瀛 身向長安獨去時
回首北坪時一望 白雲飛下暮山靑

栗 谷 母

늙으신 어머님을 故鄕에 남기고서
외로이 서울가는 이맘야 어떠하리
돌보면 먼山엔 구름 해도 지려 하나니。

들뜨는맘

울타리 꽃가지엔 까치가 울고
상머리엔 낫거믜 줄 느리누나。
오래잔아 우리님 도라오시리
아니라면 웨 이닷 맘이 들뜰가。

鵲兒籬際噪花枝 蟢子床頭引網絲
余美歸來應未遠 精神早已報人知
李濟賢

울타리 꽃가지엔 까치가 작작이고
낫거믜 반갑고야 긴줄을 느리누나
아마도 들뜨는맘이 님 오실듯 하오라。

가을비

쓸쓸하다 늦가을 내리는비에
나무닢은 닢마다 탄식을하네。
十年을 소리없이 울은 이身勢
가사만 젖엇을뿐 헛된 시름에。

九月金剛蕭瑟雨 雨中無葉不鳴秋
十年獨下無聲淚 淚濕袈衣空自愁
女僧慧定

늦가을 오는비에 나무닢 탄식하네
十年을 소리없이 이몸은 우단말가
가사만 헛된시름에 젖엇은가 하노라。

홀어미의탄식

의지가지 女子는 便치 못한몸
저하늘 無心코야 님 돌아갓네。
시름을 못내이겨 亭子 올으니
버들속엔 꾀꼬리 봄도 저물고。

三從無一可安身 不怨蒼天怨死人
悄悵百花亭上立 鶯啼柳綠欲殘春

百花堂主人

女子의 一生처럼 설은건 없으오리
님 예너 이시름이 다시금 외로울제
버들엔 꾀꼬리 울고 봄도 질어 가더라。

香내는언제나

버들가지 느러진 시내까에서
내손잡고 우리님 속삭였고야。
오는비야 석달을 내려퍼븐들
참아 이손 씻으랴 香내 질것을。

浣紗溪上傍垂楊 執手論心白馬郎
縱有連簷三月雨 指頭何忍洗餘香

濟危寶女

시내까 버들숲서 손잡고 노든님아
아직도 님의향내 이손에 남앗나니
강마가 석달이란들 참아 손야 씻으리。

진달내꽃

간밤에 슬슬東風 넘나드드니
곳곳마다 연분홍 진달내 폇네
꽃좋다고 새들은 지죄거려도
아름다운 그자태 눈물겹고야

昨夜春風入洞房 一張雲錦爛紅芳
此花開處聞啼鳥 一詠幽姿一斷腸

鄭氏

간밤에 슬슬東風 얼마나 불엇든고
곳마다 진달내꽃 새들은 노래로다
꽃송이 서러운맘야 닐러무삼 하오리。

消遣

하도심심 세네번 이웃찻으니
어련애 對答는말 主人없다고。
막대 끌고 꽃구경 아니갓으면
거문고 지디동댕 酒朋찻은가

步出隣家三四呼 小童來報主人無
若非杖策尋花去 定是携琴訪酒徒

成氏

이웃집 찻아가니 主人이 出他란다
집행이 벗을삼아 꽃구경 떠낫는가
아니면 거문고 끼고 酒朋찻아 갓스리。

옛마을

쓸쓸코야 이樓臺 뜰은 븨엿고
門앒엔 물소리만 흐득거리네。
지내간일 꿈이라 물을길없고
대발에선 새들만 多情이 우네。

樓臺寂寞鎖空庭 嗚咽前溪淺水聲
勝事繁華無處問 竹林啼鳥最多情

金盛達女

번화튼 뜰은 븨고 냇물만 탄식나니
지낸일 꿈이런가 물을길 바없고야
어찌타 無心한새만 지최지최 우는다。

琵琶로 이離恨을

비파로 이離恨을 풀자 하건만
봄바람에 曲調가 殷殷이 날고。
잠을깨니 단꿈은 모다 虛事의
옷깃엔 아롱아롱 눈물만 지네。

琵琶聲裏寄離情 怨入東風曲不成
一夜高堂香夢冷 越羅裙上淚痕明

德介氏

이離恨 琵琶드니 東風에 曲調난다
꿈깨니 오셧든님 간곳이 좃혀없고
옷깃에 눈물흔적만 아롱아롱。

비소리

이즈음 우리님은 어이 지내노
하로밤 相思에도 머리 센다고。
난간을 혼자기대 잠 못이룰제
대포기엔 비소리 요란도 하이。

向來消息問如何 一夜相思鬢欲華
獨倚雕欄眠不成 隔簾疎竹雨聲多

金氏

이즈음 우리님은 어이나 지내실가
생각을 못내이겨 난간을 기대서니
비소리 대숲을 울여 잠들길야。

복송아꽃

洛東江 언덕에서 만나신 그대
普濟院서 또다시 예이는 그대。
이내몸은 복사꽃 그대로 지나
달밝을제 닞으랴 그리운 그대。

洛東江上初逢君 普濟院頭更別君
桃花落地紅無跡 明月何時不憶君

桃花

洛東서 만난그대 普濟서 예는고야
이몸은 복송아꽃 그대로 진다만은
내어이 달밝은밤에 참아 그대 닞으리。

七夕에

銀河까 牽牛織女 이날저녁에
만난것도 꿈이요 離別 설으되。
이世上에 이날이 없었드란들
살아百年 즐거이 지내갈것을。

河橋牛女重逢夕 玉洞郎娘恨別時
若使人間無此日 百年相對不相移

蓮 喜

이저녁 銀河까서 만나는 牽牛織女
즐김은 꿈이련가 또다시 예고마더
한百年 離別없이는 웨못살가 하노라。

扶餘를 지내가며

몇몇해를 白馬臺 지내왔으며
落花岩 생긴지는 언제이련가。
만일에 青山으로 말을 한다면
千古興亡 낫낫이 믈어볼것을。

白馬臺空經幾歲 落花岩立過多時
青山若不曾緘默 千古興亡問可知

於 于 同

白馬臺 落花岩은 몇몇해 지냇는고
만일에 青山으로 입있어 말한다면
낫낫이 千古興亡을 믈어볼가 하노라。

기럭이身勢

봄에떠나 가을에 집을 돌오니
꿈속에 지낸곳이 암암하고야。
이몸은 기럭이의 제철을 딸아
南을단녀 北으로 가는심이라。

三月離家九月歸 吳山楚水夢依依
妾身猶似隨陽鳥 行盡江南又北飛

太 一

봄철에 집을떠나 가을에 돌아오니
꿈속을 오락가락 지낸곳 암암코야
이몸은 철딸아 도는 기럭인가 하노라。

눈보라치는밤을

北風은 눈보라와 흐득거릴제
긴긴밤을 깽그리 새우는 心懷。
죽어 무덤 찾는이 없달양이면
살아 生前 이승선 마른꽃송이。

北風吹雪打簾波 永夜無眠正若何
塚上他年人不到 可憐今世一枝花

小 紅

北風에 눈이날제 긴긴밤 새는고야
다른날 내무덤을 찾는이 없달진댄
이世上 살아生前은 마른꽃가 하노라。

送別

그대 입을 길옷을 내가 지을제
가위딸아 눈물이 흘러 내렷내。
이내몸은 등잔불 그대로 절연
낼아츰 말 타는양 난 못보겟대。

持子征衫下淚裁 金刀隨手短長回
此身寧與殘燈滅 不見明朝上馬催

蘭 香

길옷에 눈물진양 그대야 알을것가
이몸은 등잔불가 그대로 꺼질망정
낼아츰 말타는양은 참아못봐 하노라。

저녁風景

실버들 千萬가지 휘늘어저서
구름인듯 人家를 볼길 없드니
꼴군아이 피리리 피리노리에
江우엔 보슬비요 날도 저므네。

千絲萬縷柳垂門 綠暗如雲不見村
忽有牧童吹笛過 一江烟雨自黃昏

竹 香

千萬絲 버들숲에 人家를 몰낫드니
어듸서 꼴군아이 외마듸 피리나자
江우엔 보슬비 오고 해도넘어 가더라。

가을도 깊어가고

우수수 부는바람 갈바람인제
뒷山은 醉햇달가 앞江은 맑고。
달밝은 紗窓까엔 우짓는 버레
찬자리 팔벼개에 잠이 올것가。

楊山館裏西風起 後山欲醉前江淸
紗窓月白蟲聲咽 孤枕衾寒夢不成

憶春

우수수 갈바람에 山川이 쓸쓸한제
달밝은 紗窓까엔 버레가 우는고야
찬자리 팔곱벼개에 잠들길이 없오라。

님에게

富貴功名 쓸데가 무어란 말가
山있고 물있으니 놀기 좋것다。
오막사리 樂이라 그대와 함께
秋風明月 한百年 살아갈거나。

富貴功名且可休 有山有水足遨遊
與君共臥一間屋 秋風明月成白髮

朝雲

富貴는 뜬구름요 功名은 虛事로다
山있고 물있으니 이樂을 마다하랴
님하고 草堂사리로 한平生을 지내리。

달을보고

뚜렷고야 밝은달 이밤도 뜨네
古今일을 저달은 모다 알으리。
넓은世上 이밤에 바라를보면
울고불고 그한生 각가질것을。

亭亭新月最分明 一片金光萬古情
無限世界今夜望 百年憂樂幾人情

一朶紅

반갑다 밝은 저달 이밤도 뜨는고야
저달은 古今일을 낫낫이 다 알오리
이밤엔 누구누구가 울고웃고 하는다。

送別

섯달금음 찬바람 날도 저믄제
千里먼길 그대를 울어 보내네。
새봄이라 언덕에 움 돋는것을
그대는 닛지마라 내가 기두리。

歲暮風寒又夕暉 送君千里淚沾衣
春堤芳草年年綠 莫學王孫歸不歸

小玉花

歲末에 千里먼길 눈물로 보내는情
아모리 모심탄들 그대야 닛으오리
봄마다 돋는속닙을 못내부러 하노라。

수영(刺字)

이팔우에 뉘이름 색인줄 아오
흰살에 먹이숨어 글字 分明소。
차라리 大同江이 마를지언정
굳은言約 꿈엔들 닞을줄 아오。

蘆花臂上刻誰名 墨入雪膚字字明
寧見大同江水盡 此心終不負初盟

蘆花

註 傳하는말이 蘆花의姿態가 아름다와 산애들이 많이 반하기때문에 御史가 죽이라고햇읍니다 이눈치를 알고서 蘆花는酒母로變裝하고 御史를 誘惑하야 팔에다 刻名誓約케하엿다 합니다。

팔우에 색인이름 글字가 分明하오
大同江 마를날이 있다손 하더라도
꿈엔들 굳은이言約 저바릴길 없외다。

봄바람

실버들은 흰들에 휘느러지고
이끼는 혼자자라 프르른것을,
봄바람은 무어라 까불이는가
님오는가 空然이 내가 속나니。

垂楊深處倚窓開 小院無人長綠苔
簾外時聞風自起 幾回錯認故人來

芙蓉

흰들엔 실버들뿐 이끼가 프른것을
망녕의 봄바람은 무어라 까부는가
그님이 오시는양해 맘만 들떠 하노라。

장마를만나

열흘이나 이장마 웨 안 개일가
故鄕을 오가는꿈 가이 없고야。
눈에암암 咫尺이 길은 먼千里
할일없이 다락을 기대 서노라。

十日長霖苦未晴 鄕愁黯黯夢魂驚
中山在眼如千里 悄然危欄默數程

翠蓮

지리한 긴장마에 故鄕이 그립고야
헛되이 꿈은 가나 千里길 몸 못가네
잠잣코 다락을기대 하욤없어 하노라

廣寒樓에서

북 던지고 무료이 다락 올으니
桂花닢엔 가을이 한창인것을
牽牛는 한번 가고 消息없길래
烏鵲橋엔 밤마다 쓰린 시름뿐。

乍擲金梭懶上樓 珠簾高掛桂花秋
牛郎一去無消息 烏鵲橋邊夜夜愁

桂月

무료해 북던지고 다락을 올나서니
桂花엔 가을인제 牽牛는 消息없어
밤마다 烏鵲橋에는 뜬시름만。

離別의敎訓

구슬여울 언덕서 님을 예이고
외로이 잔을들어 속을 풀을제
저꽃이라 지고파 지는거 안연
내어이 가는님을 야속타 하더。

弄珠灘上魂欲消 獨把離懷寄酒搖
無限烟花留不得 忽敎芳草怨王孫

襄陽妓

님에고 설은속을 잔들어 풀이할제
저꽃들 지고싶어 저러틋 지는거랴
아모리 離別 마잔들 바없는가 하노라

喜雨

검은구름 山우에 뭉겨 돌으며
윈하로 넓은하늘 덮어싸드니、
방울방울 반갑다 비가 내려와
넓은벌 논과밭을 적셔주나니。

數點玄雲起遠峰 漫天終日十分濃
須臾化作人間雨 沾得三秋滿野農

福介

山우에 돌든구름 하늘을 덮더니만
비되야 방울방울 人間에 낼오누나
넓은벌 논과밭에는 물이 가득 하더라。

싀집가는딸에게

銀燭臺 燈밑에서 一生苦樂을
향그론 꽃앞에서 盟誓햇나니、
두어라 싀집가기 설다 우는고
안해는 지아비를 좇는거라오。

論心細雨香燈下 聯袂開花百草前
于歸莫墮傷心淚 女必從夫認是天

高陽村女

은촛불 꽃앞에서 맹서한 平生苦樂
싀집이 무어설어 눈물을 흘니는다
안해는 그지아비를 딸아가야 하나니。

自嘆

이마음 구룸같이 맑고맑건만
深山 사니 사람은 볼길 없고야。
이마음 봄풀같이 곱고곤것을
이내青春 이대로 어이할거나。

化雲心兮思淑貞 洞寂滅兮不見人
瑤草芳兮思芬蒕 將奈何兮青春

薛瑤

구름은 이내마음 끝없이 맑건만은
深山에 사는탓가 사람은 볼길 없네
풀같이 고흔青春을 어이할가 하노라。

蕭蕭吟

窓밧에 부슬부슬 낼오는 실비
그소리 부슬부슬 自然답고야。
自然스런 그소리 내가 듯나니
무어라 어내맘이 自然아니랴。

窓外雨蕭蕭 蕭蕭聲自然
我聞自然聲 我心亦自然

崔氏

오는비 부슬부슬 그소리 自然이라
내홀로 自然스런 그소리 듯노매라
이맘이 무든랏하야 自然답지 안으랴。

두메에사니

외진곳을 그뉘가 찾아오릿가
두메라 世上일은 금음이외다。
가난한 이살님에 술없고보니
잘손조차 밤中에 돌아섭니다。

地僻人來少 山深俗事稀
家貧無斗酒 宿客夜還歸

林碧堂金氏

두메니 世上일야 알길이 없는데다
살님이 가난하야 술조차 없고보니
잘손도 아넌밤中에 길차비만 합니다。

귀양가신아바지를 생각하고

섬돌우를 우수수 갈바람 부니
외론紗窓 달빛이 쓸쓸한것을
기력기력 기력인 어듸 가는고
님게신곳 他鄕이 못내 그리워。

玉砌霜風起 紗窓月影寒
忽聞歸雁響 千里憶南關

沈 氏

갈바람 紗窓도니 달빛도 쓸쓸한데
기력이 기력기력 웨치며 나는고야
他鄕에 홀로 나신님 못내설어 하노라。

해를 우러러보고

하늘우에 환하게 걸린 밝은해
저하늘은 드높고 해는 길고야。
바래노니 無心이 도는 저구름
幸혀나 밝은해를 가리울세라。

白日懸天上 天高白日長
只恐浮雲近 蔽此明明光

崔 氏

하늘에 홀로떠서 이世上 밝이는해
하늘은 넘우 높고 저해는 길은것을
幸혀나 구름들다가 가리울가 하노라。

첫서리

가지끝에 첫서리 가득이 쌔니
기력이 웨치누나 西天을 날며。
찬물우를 시름은 홀로 가나니
어느날야 옛마을 돌아가련가。

遠樹霜初落 西天雁自飛
滄江愁獨去 何日歸故國

金 氏

첫서리 낡에 쌔니 기력이 나는고야
찬물우 뜬시름만 외로이 떠가나니
옛마을 어느날이나 돌아갈가 하노라。

아기를 잃고

一生九年 七年을 病으로 앓다
그나마 떠났으니 몸이 便탈가。
송이송이 하얀눈 퍼붓는 이밤
치운줄도 몰으리 어미를 떠나。

九歲七年病 歸臥爾應安
可憐今夜雪 離母不知寒

南 氏

아홉살 짧은生에 七年을 病앓다가
그나마 돌아가니 그몸이 便타할가
눈밤에 어미를 떠나 치운줄도 몰으리。

혼잣노래

동불은 어둔房의 밝은달이요
아츰은 집웅도는 구름이러니,
山은千年 예대로 그빛이 같고
江은萬里 그대로 흐르는것을。

夜燭房中月 朝煙屋上雲
山立千年色 江流萬里心
金川民家女(七歲詩)

동불은 달이랄가 어둔房 밝여주고
山과들 千萬年에 그빛이 같은것을
어찌타 世上人心은 날로달나。

님생각

落葉은 바람딸아 너훌거리고
꽃닢은 비가설어 탄식을하네。
이한밤 그리운情 꿈을 꺼랄제
西便이라 다락엔 달만 밝고야。

落葉風前舞 殘花雨後啼
相思今夜夢 月白小樓西
鄭氏(東陽尉家婢)

바람에 닢이지고 비빨에 꽃이울제
이한밤 그리운情 꿈으로 풀길없네
달빛만 다락西便에 有心하게 밝더라。

님을 기다리며

님가실제 달뜨면 오마시드니
달은 떠도 그님은 웨 안오실가。
아마도 님의곳은 山조차 높아
하늘이라 뜨는달 늦은가보다。

郎去月出來 月出郎不來
想應君在處 山高月出遲

凌雲

달뜨면 오마든님 달떠도 안오시네
우리님 계신곳은 첩첩이 山이높아
저하늘 뜨는달조차 더듸인가 하노라。

탄식

열다섯에 맞이한 뜨내기의 님
스물이 되건만은 안돌오시네。
풀길야 바있는가 하소 많은맘
님의길은 하늘을 도는 뜬구름。

十五嫁遊子 二十猶未歸
縱欲道心事 與須相見稀

安媛

뜨내기 서반님을 열닷에 맞앗드니
스물이 되건만은 돌올줄 돌으노나
님의맘 뜬구름이니 만날길야。

離別

말은 가자 저러툿 굽을 칩니다
인제 가면 언제나 오시랍닛가。
술 다하니 인제는 떠납니다려
꽃지고 새가우는 이 좋은봄에。

駐馬仙樓下 殷勤問後期
離筵樽酒盡 花落鳥啼時

一枝紅

離別이 하도설어 잔들어 술으올제
어느덧 술 다하고 님마저 가는구야
꽃지고 새우는봄을 어이할가 하노라。

저므는봄저녁

싱숭생숭 봄바람 맘 또는것을
두메엔 노량저녁 어느덧이라。
기다려도 안올줄 뻔이 알으나
서오한맘 幸혀나 門못닫노라。

春風忽駘蕩 山日又黃昏
亦知終不至 猶自惜關門

小琰

봄바람 좋은것을 두메엔 黃昏일새
아모리 기다려도 안올줄 알건만은
幸혀나 서오한맘에 門못닫아 하노라。

離別

離別설어 우시는 님의 그눈물
참아 발길 안돌아 나는 이눈물。
다시만날 그때엔 비가되야서
입으신 님의옷을 뿌려보과저。

君垂送妾淚 妾亦淚含歸
願作陽臺雨 更灑郞君衣

硏丹

離別이 설어라고 맛잡고 우는눈물
다음날 만날때엔 차라리 비가되야
알뜰한 님의옷에다 뿌려뿌려 보오리。

복송아

고이자란 아가씨 섬돌을 내려
생글생글 좋와라 복송아 딸재
제손길이 짧은건 생각도 않고
투정투정 가지를 높다는고야。

美人下堂去 含笑折夭桃
不知纖手短 還罵桃枝高

平壤女(十一歲詩)

閨房서 자란아씨 복송아 따시올제
손길이 짧은거야 꿈엔들 아실것가
도로혀 가지를 높다 투정투정 하더라。

님에게

九十春光 모도다 즐기는것을
내어이 닛올것가 그리운그대。
이내맘을 그대가 몰나주길래
나는 只今 외로이 돌아서노라。

合節當三春 鄕愁日日新
學士風流少 今作空歸人

翠蓮

그대가 못내그려 나 여긔 찻은것을
그대는 어이하야 이몸을 외다는다
외로이 돌서는마음 둘곳없어 하노라。

떠나랴는이에게

가시길랑 平安이 부대 가서다
千里먼길 이몸은 어이하릿가。
달없는 어둔밤을 기력이 울제
홀로남은 이몸은 어이하릿가。

去去平安去 長長萬里多
瀟湘無月夜 孤叫雁聲何

義州妓

이님아 가시길랑 平安이 가시오라
千里라 먼먼길에 이몸은 남으나마
어둔밤 기럭이울젠 어이할가 하노라。

가을달

노를저어 맑은江 어구로 드니
人跡에 해오라비 잠깨여 날고,
가을이 짙은탓가 山빛은 붉고
흰모래엔 달빛이 어련둥 만둥。

移棹淸江口 驚人宿鷺飜
山紅秋有色 沙白月無痕

秋 香

다시금 노를저어 江口로 돌아드니
잠자든 해오라비 人跡에 놀내날고
달빛만 흰모래발에 더욱 희여。

箜篌曲

님아님아 이江을 건너지 마소
마소마소 했건만 期於건너다,
물에들어 그대로 돌아갔으니
님아님아 이일을 어이할는가。

公無渡河 公竟渡河
墮河而死 公將奈何

霍里子高의안해

건너지 마소마소 그러도 말렸건만
기어이 건너시다 물속에 들엇으니
이님아 이일을 장차 어이어이 하리오。

悅話堂 韓國近現代書籍 復刻叢書

朝鮮女流漢詩選集

꽃다발

金岸曙 譯

限定本 伍百部 中

第 021 册

발행일 2012년 12월 10일
발행인 李起雄 **발행처** 悅話堂
경기도 파주시 문발동 520-10 파주출판도시
전화 031-955-7000 팩스 031-955-7010
www.youlhwadang.co.kr yhdp@youlhwadang.co.kr
등록번호 제10-74호 **등록일자** 1971년 7월 2일

ISBN 978-89-301-0434-0 04810
978-89-301-0398-5 (세트)
값 50,000원

昭和十九年四月二十五日 第一版印刷
昭和十九年四月三十日 第一版發行

꽃다발

㊐ 定價 三圓六十錢
特別行爲税相當額 十五錢
賣價 三圓七十五錢

著作者 金億 京城府鍾路區惠化町五四番地
發行者 瑞原聖 京城府鍾路區鍾路二丁目八六番地
印刷者 月城孝 京城府鍾路區仁寺町一一九番地

發行所 京城府鍾路區鍾路二丁目八六番地
博文書館
振替京城二〇二三番
電話光化門一一六九番

配給元 京城府西大門區和泉町二二番地
日本出版配給株式會社朝鮮支店

（大東印刷所印行）

열화당 한국근현대서적 복각총서

조선요리제법
방신영 저 / 조후종 해제
127×187mm / 양장 / 524면 / 값 50,000원 /
고유번호가 부가된 500부 한정판

사도문私禱文
세실 쿠퍼 저 / 김성수 해제
110×152mm / 양장 / 184면 / 값 20,000원 /
고유번호가 부가된 500부 한정판

꽃다발-조선여류한시선집
김억 편역 / 유성호 해제
134×186mm / 선장線裝 / 232면 / 값 50,000원 /
고유번호가 부가된 500부 한정판

『꽃다발』 해제

원시原詩보다 뛰어난 번역시飜譯詩

유성호柳成浩 문학평론가

'창작적 의역意譯', 김억金億의 번역가로서의 자의식

'열화당 한국근현대서적 복각총서' 시리즈 세번째 권 『꽃다발—조선여류한시선집朝鮮女流漢詩選集』(박문서관博文書館, 1944)은, 근대문학사에서 누구보다도 충일한 번역의 자의식을 견지했던 김억金億에 의해 출간된 한국 여성 한시 역시집이다. 안서岸曙 김억은 1896년 평북 정주靜州에서 출생했는데, 정주는 이광수李光洙 · 김소월金素月 · 백석白石의 출생지로도 유명한 곳으로, 식민지 근대문학의 인적 보고寶庫를 이루고 있다고 할 수 있다. 안서는 거기서 오산학교五山學校를 다녔고, 이후 일본으로 건너가 게이오의숙慶應義塾에서 수학한 후 귀향하여 모교에서 교편을 잡았다. 이후 평양 숭덕학교崇德學校 교사, 『동아일보』 『매일신보』 기자, 경성 중앙방송국 차장 등으로 활동했다. 1912년부터 창작시를 발표했고, 투르게네프I. S. Turgenev, 베를렌P.-M. Verlaine, 구르몽R. de Gourmont 등의

시를 번역 소개하여 당대 시단詩壇에 커다란 영향을 끼쳤다. 특히 그가 펴낸 우리나라 최초의 역시집 『오뇌懊惱의 무도舞蹈』(1921)는 베를렌, 보들레르C.-P. Baudelaire 등 프랑스 상징주의 시인들의 작품을 집중적으로 번역 소개함으로써 이 땅에 새로운 시적 기풍을 착근着根시키는 역할을 했다. 『오뇌의 무도』로 시작된 그의 명성과 영향력은 번역가로서의 그의 능력을 만천하에 드러내 주었다. 아닌 게 아니라, 그는 1923년 한국 근대문학사 최초의 개인 창작 시집 『해파리의 노래』를 펴냈지만 그 파장은 『오뇌의 무도』에 비해 매우 약했고, 이러한 번역과 창작 간 영향력의 비대칭은 김억으로 하여금 번역 쪽에서 특유의 기량과 지속성을 성취해 가게끔 하는 계기가 되었다.

김억의 번역활동은 1910-20년대에 절정의 성과를 이룬다. 물론 그는 번역뿐만 아니라 창작, 문예이론, 평론, 편집, 에스페란토Esperanto 강습 등 큰 폭의 문화적 실천에 매진한 전방위 문인文人이었다. 일본 유학 시절 그곳 잡지인 『학지광學之光』과 『근대사조近代思潮』에 시와 비평을 발표했고, 조선시의 형식과 관련한 평론을 다수 발표하기도 했다. 하지만 그의 문학사적 권역은 아무래도 번역 쪽이었다. 『태서문예신보泰西文藝新報』 『창조創造』 『폐허廢墟』 등에 많은 번역시를 발표했고, 『오뇌의 무도』를 비롯하여 『잃어진

리가 지향해 나가야 할 출판의 사표師表로 삼고자 하는 데 그 의의가 있으며, 이를 통해 쉽게 접할 수 없었던 소중한 자료를 공유함으로써 학문적 저변을 확대하는 데 기여하고자 한다. 이 시리즈를 통해, 우리 출판의 진정성에 관한 진지한 성찰이 있기를, 그리하여 더욱 단단하고 성숙된 출판으로 거듭나기를 바라면서 이 총서를 여러분 앞에 내놓는다.

옛 책, 그 물성物性과 영성靈性의 복원

'열화당 한국근현대서적 복각총서' 를 선보이며

책은 물성과 영성을 동시에 지닌 매체로, 특히 인간의 정신을 고양하는 데 큰 역할을 해 왔다. 우리는 세계 최초로 금속활자를 발명한 지혜로운 민족으로서, 예로부터 기록을 소중히 여기는 자랑스런 전통을 지녀 왔다. 그러나 우리의 기록과 출판에의 긍지는 가혹했던 일제 식민기植民期, 비극적인 동족끼리의 전쟁을 겪으며 안타깝게도 일그러졌다. 그럼에도 어려웠던 시기 우리의 학문과 문화, 전통과 사상을 출판을 통해 지키려 했던 선각자들이 있었기에, 지금 우리의 출판문화는 존재할 수 있었다.

'열화당 한국근현대서적 복각총서' 는 한국에서 근대적 출판이 시작되던 1800년대 말에서 전후戰後 사회 전반이 재건되던 1950-60년대 사이에 출간되었던 책과 기록물 중 반드시 재조명되어야 할 가치있는 것들을 엄선하여, 복각본復刻本이라는 고전적인 형식으로 선보이는 시리즈이다. 분야와 형태를 막론하고 기획 · 내용 · 형식 등 여러 면에서 뛰어난 출판물을 선별하여, 처음 출간되었던 모습 그대로, 지금의 기술력으로 복원할 수 있는 모든 역량을 다해 복각하여 한정본限定本으로 선보인다.

지난 시기의 아름다웠던 서적書籍을 다시금 출판함은, 온고지신溫故知新, 법고창신法古創新의 배움의 자세로 오늘 우

진주』『기탄자리』『신월新月』『원정園丁』 등 번역시집을 꾸준히 펴냈다. 이 번역시집들에서 그는 프랑스 상징주의 시와 타고르R. Tagore 시를 조선 시단詩壇에 소개했고, 이어 번역 대상을 중국 한시漢詩로, 한국 한시로, 일본 단가短歌로 점점 넓혀 가게 된다. 그 성취가 『망우초忘憂草』『동심초同心草』『선역鮮譯 애국백인일수愛國百人一首』, 그리고 『꽃다발』 등으로 이어진 것이다.

이 과정에서 안서는 양주동梁柱東과 번역관飜譯觀을 둘러싼 일대 논쟁을 치른다. 양주동이 '충실한 직역直譯'을 주장한 데 대해 김억은 '창작적 의역意譯'을 편듦으로써 정면 충돌한 것이다. 이때 김억은 원작原作을 문자 그대로 옮기는 보수적 의미의 번역이 아니라, 원작의 착상과 의미를 훼손하지 않으면서 번역자 자신의 언어와 숨결을 반영하는 '창작적 번역'을 주장했고, 스스로 그러한 번역을 실천했다. 그 점에서 김억처럼 확연한 번역관을 가지고 시종일관 번역을 수행한 이는 근대문학사를 통틀어 없을 것이다. 김억의 이러한 견고한 번역관은 원작만이 진품성originality을 지닌다는 가설을 무너뜨리고, 번역시도 새로운 진품성을 파생적으로 획득한다는 점을 선명하게 보여주었다. 그의 목표는 '원시原詩보다 뛰어난 번역시'에 있었고, 번역이 또 하나의 근대시를 만들어 가는 과

정임을 실물감 있게 보여 준 것이다. 이러한 일관된 방법과 태도에 대해 그는 여러 차례 말한 바 있는데, 오랜 시기에 걸쳐 그가 언급한 사례들을 모아 읽어 보자.

"시가의 역문에는 축자逐字, 직역보다도 의역 또는 창작적 무드를 가지고 할 수밖에 없다는 것이 역자의 가난한 생각의 주장입니다."—「역자의 한마디」『오뇌의 무도』, 1921.

"직역만으로는 뜻의 불명과, 또는 너무도 서양식이 되기 때문에 의역한 곳도 적지 아니합니다."—「역자의 인사」『기탄자리』, 1923.

"시의 번역이라는 것은 번역이 아닙니다. 창작입니다."—「서문 대신에」『잃어진 진주』, 1924.

"번역이란 어떠한 것을 말할 것 없이, 거의 창작과 같이 보려고 하는 것이 나의 주장이며 또한 의견입니다."—「역자의 한마디」『원정』, 1924.

"나는 번역은 불가능이라 합니다. 그러면 이 불가능의 것을 어떻게 할 것인가. 이것이 남은 문제외다.

이제 옛 판본을 그대로 본떠 칠십여 년 만에 새로 세상에 선보이는 이 『꽃다발』 복각본은, 이러한 '창작적 번역'으로서의 번역관을 아름답게 보여 주는 안서 버전의 근대적 번역시집이다. 그리고 이는 우리의 뛰어난 출판역사出版歷史의 단면을 오늘에 되살리고자 한 '열화당 복각총서'에 보내는, 오랜 세월 건너편의 '축하 꽃다발'이 될 것이다.

유성호柳成浩는 1964년 경기도 여주 출생으로, 연세대 국문과를 졸업하고 같은 대학원에서 문학박사학위를 받았다. 현재 한양대학교 국문과 교수로 있다. 지은 책으로 『한국 현대시의 형상과 논리』『상징의 숲을 가로질러』『근대시의 모더니티와 종교적 상상력』 등이 있다.

무어라 맘과 맘은 맺지 못하고
한갓되이 풀잎만 맺으려는고.

風花日將老 佳期猶渺渺
不結同心人 空結同心草

이는 당나라 여성 시인 설도薛濤의 작품을 김억이 번역한 것이다. 1943년에 출간된 『동심초』에 표제작으로 실렸고, 해방 후 애창 가곡으로 널리 불렸다. 이 작품에서도 안서는 예의 '창작적 번역'의 진수를 보여 주었다. 원작보다 더 좋은 번역시란 바로 이런 것일 터이다.

일찍이 김억이 쓴 「역시론譯詩論」(『대조大潮』, 1930. 9)은 그의 번역관을 충실하게 보여 준 글이다. 그는 여기서 "역시譯詩로써 원시原詩의 가치를 평하거나, 또는 원시로써 역시의 시비是非를 하여서는 아니될 것"이라고 하면서 번역시의 "창작적 생명으로의 독립성"을 완성하려는 의지를 표명한다. "원시에 충실을 다하는 동시에 역자 그 자신의 개성에도 충실하여, 시로서의 독립성이 없어서는 아니될 것"이고 "불가능한 시역詩譯에는 역자 그 자신의 대담하다 할 만한 개성의 표현이, 시가의 독립성을 위해서 대단히 필요하다는 것"을 주장한 것이다.

원시의 시상을 역자가 가져다가 자기가 받은바 시적 소질로의 개성에 비추어 창작해 내는 곳에뿐 이 일은 가능하외다."—「한시 역에 대하여」『망우초』, 1934.

"원시와는 상당한 거리가 있을 것이란 것이외다. 더구나 원시의 뜻을 따다가 소위 김안서 식으로 만들어 놓아 버렸으니, 무엇을 더 역자인 내가 변명을 할 것입니까."—「권두사」『동심초』, 1943.

이처럼 김억은 1910년대 후반부터 1940년대 중반까지 조금도 흔들리지 않고 자신만의 '창작적 번역'을 주장하고 관철해 왔다. '소위 김안서 식'이라고 말할 정도로 번역가로서의 일관된 자의식과 방법과 태도를 보여 준 것이다. 이러한 자세에서 결실한 또 하나의 풍경이 번역시집 『꽃다발』이다.

억눌렸던 여인들의 꾸밈없는 노래
—『꽃다발』의 내용과 체재

이제 『꽃다발』의 서지사항, 그리고 내용과 체재에 대해 알아보자. 우선 판권란에 적힌 발행일은 쇼와昭和 19년 즉 1944년 4월 30일이다. 안서의 권두사卷頭辭

말미에 적힌 날짜가 쇼와 17년 즉 1942년 9월이니까, 책은 완성 단계에서 일 년 반 정도를 끌다가 출간되었다. 당시 불어닥친 종이난難이 원인이었을지 아니면 다른 까닭이 있었을지 모르겠지만, 아무튼 책은 역자의 손을 떠난 후 비교적 오랫동안 출간을 미루다가 나온 것이다. 안서는 권두사에서 "여름철에는 무엇보다도 한시책漢詩冊 같은 것을 구해 놓고 마음대로 이 장 저 장 들추면서 만독慢讀하는 것이 나의 다시없는 낙樂이외다. 우연한 기회라 할지, 어찌어찌하여 조선 여류시인들의 유주遺珠를 대對케 되었는데, 이것이 결국은 이 역시집인 『꽃다발』을 만들 동기가 되었으니 생각사록 뜻하지 아니한 곳에 낙으로서의 결과는 자못 컸다 하지 아니할 수가 없습니다"라고 고백함으로써, 이 책이 자신의 오랜 한시 취향을 반영하고 있는 결과임을, 그리고 여기 실린 한시들이 일정한 미적美的 품격을 지니고 있음을 자부심 있게 내비치고 있다.

그리고 책의 목차가 펼쳐지는데, 순서는 시편이 많이 실린 시인부터 시작하고 있다. 가령 맨 앞에 나오는 이는 '삼의당三宜堂 김씨金氏'인데, 그것은 그녀 시편이 서른 편으로 가장 많이 번역되었기 때문이다. 그리고 그 다음 계생桂生(매창梅窓) · 난설헌蘭雪軒 · 운초雲楚(부용芙蓉) · 죽서竹西 · 옥봉玉峯 순으로 이어진

안서는 『꽃다발』을 출간하고서 바로 그해 『지나명시선支那名詩選』 『선역 애국백인일수』(일본 단가 번역), 그리고 시집 『야광주夜光珠』를 이어 펴냄으로써 식민지시대 자신이 왕성하게 뛰어들었던 창작과 번역 활동을 마무리한다. 해방 후 그는 수선사首善社 주간을 역임했고, 한국전쟁 당시 서울에 남아 있다가 납북되었다. 북한에서는 출판사 교정원(1952)으로 일하다가 신병身病으로 요양소에 있었으며(1953. 4), 다시 평화통일촉진협의회 위원에 임명되었으나(1956. 7), 이후 평북 철산鐵山의 협동농장으로 강제 이주당했다(1958) 한다. 그 후 행적은 알려져 있지 않다.

번역시의 '창작적 생명으로의 독립성'

황진이의 「꿈」을 작곡했던 김성태는, 김억의 다른 번역시 한 편을 작곡하여 불후의 명곡으로 만들어 놓는다. 이 작품도 원작의 충실한 번역이라기보다는 '소위 김안서 식'의 노래라고 해야 할 것이다.

꽃잎은 하염없이 바람에 지고
만날 날 아득타 기약이 없네

진다.

공부자孔夫子께서는 시를 '사무사思無邪'라고 평을 하셨거니와, 이 여류시인女流詩人들의 시를 보면 사대부집 아낙네들의 노래에는 어째 그런지 일부러 감정을 눌러 버리고 점잖은 체 꾸민 감이 있습니다. 그리고 소실小室과 시기詩妓의 것에는 조금도 감정을 거짓한 흔적이 없으니, 만일 '사무사'가 옳은 말씀이라면 이 점에서 아낙네들의 노래는 낙제落第외다. 그리고 소실이니 시기니 하는 이들의 것이 되려 급제及第니, 대단히 재미있는 대조라 하지 않을 수 없습니다.

이 시집에서 정말 가치있는 작품은 사대부집 아낙들의 것이 아니라, 소실이나 기생처럼 당대 가부장 사회에서 억눌렸던 이들의 것이라는 말이다. 우리도 이 시집을 읽는 동안 그녀들 작품에서 진정한 실감을 얻게 된다. 어쨌든 권두사에서 김억은 "원시原詩의 뜻이나 따다가 다시 만들어 놓지 않을 수가 없다는 것이 나의 번역 방법"이고 "첫 번 역譯에서는 될 수 있는 대로 원시原詩를 그대로 옮기려고 하였고, 둘째인 시조時調에서는 가장 자유로운 태도를 취하자는 의사意思"임을 표명하고 있다. 『꽃다발』의 가장 중요한 특성이 아닐 수 없다.

다. 이들의 시편은 모두 열 편이 넘어, 제법 많은 편수를 보여 준다. 그 다음으로 유한당幽閑堂, 금원錦園, 정일당靜一堂, 송씨宋氏, 영수각令壽閣 서씨徐氏, 이씨李氏, 온정溫亭, 승이교勝二喬 등이 나오고, 우리가 잘 아는 황진이黃眞伊는 두 편만 실리는 까닭으로 뒤로 빠졌고, 사임당師任堂 신씨申氏는 한 편밖에 없어 더 뒤로 빠졌다. 그리고 한 편씩 실린 시인들이 이어진다. 전체 예순여섯 명의 여성 시인이 빼곡하게 들어차 있는 이 번역시집은, 조선시대에 이토록 많은 여성 시인들이 한시를 지었다는 놀라움을 주기에 족한 자료라 할 것이다. 이 가운데 두 편의 번역시를 살펴보자.

드리는 이금비녀 사양 마소라.
싀집갈제 이머리 단장했드니
이날이라 그대게 내 드리나니
떠나千里 먼길에 닛지 마소라.

妾有黃金釵 嫁時爲首飾
今日贈君行 千里長相憶

싀집을 내가갈제 꽂앗든 이금비녀
오늘날 그대에게 맘고이 드리노니
먼먼길 千里他鄕에 닛지말아 주소서.

— 난설헌, 「송별送別」

난설헌은 허균許筠의 누이로, 본명은 '초희楚姬'로 알려져 있다. 십오 세에 결혼했으나 남편의 외도로 가정생활이 원만치 못했고, 이십칠 세 때 요절했다. 그녀는 섬세한 감수성과 필치로 고독한 규방생활閨房生活을 담은 한시들을 『난설헌집蘭雪軒集』에 다수 남겼는데, 그 가운데 안서가 열여덟 편을 가려뽑아 번역한 것이다. 작품 「송별」은 천리타향으로 떠나는 님을 보내면서 자신의 정성과 사랑을 드리는 시편이다. 특이한 것은 원작을 사이에 두고 앞에서는 절구絶句 형식 그대로 번역하고, 뒤에서는 시조 형식으로 번역을 새로 한 것이다. 여기서 안서가 시조 형식을 시도한 것은, 번역의 일차 결과를 우리 전통양식으로 재창작함으로써 자신의 전통지향적 미의식을 뚜렷이 드러낸 결실이라고 할 수 있다. 그래서 우리는 이 번역시집에서 원작 한시와 김억의 번역시와 그가 재창작한 시조를 모두 감상함으로써 이 시집의 독특한 위상과 체재를 만나게 된다.

꿈길밖에 길없는 우리의身勢
님 찾으니 그님은 날 찾앗고야.
이뒤엘랑 밤마다 어긋나는꿈
같이떠나 路中서 만나를지고.

相思相見只憑夢 儂訪歡時歡訪儂
願使遙遙他夜夢 一時同作路中逢

님찾아 꿈길가니 그님은 나를찾아
밤마다 오가는길 언제나 어긋나네
이后란 같이떠나서 路中逢을 하과저.

—황진이, 「꿈」

조선시대 여성 시인을 대표하는 황진이의 이 시편은, 사랑하는 대상을 향한 그리움이 진하게 묻어난다. "동짓달 기나긴 밤을 한허리를 버혀내어"로 시작되는 그녀의 유명한 시조를 연상케 한다. 이 시편은 훗날 김성태金聖泰가 작곡하여 노래로 불리기도 했다. 꿈속에서의 '노중봉路中逢'이라도 갈망하는 그녀 모습이 김억의 창작에 가까운 번역으로 선하게 전해져 온다. 여기서도 칠언절구 한시가 기막히게 우리 전통양식인 시조로 변이된 양상을 보게 된다.

두 여성 시인의 작품을 통해, 이 번역시집이 조선시대 여성들의 사랑과 고독과 습속을 전해 주는 고갱이로 차 있음을 알게 된다. 김억은 이 시집을 일러 "연대순을 밟은 진정한 사화집"은 아니고 다만 "시만을 보고서 즐기자는 과객"으로서의 임무를 다했다고 말한다. 그러면서 다음과 같은 의미있는 말을 던